中国语

Chinese Language

면세판매실무 중국어

이하정·유효홍 공저

(주)백산출판사

본 교재는 면세분야의 NCS개발이 이루어지지 않음에 따라 현장중심형 DACUM방식 대학자율 책무 '면세판매실무중국어'를 개발하고, 이에 따른 대학자율 작업을 개발하여 사용함

머리말

한국을 찾는 외국인 관광객들은 관광활동 중에서 가장 큰 비중을 쇼핑활동에 두고 있습니다. 그러나 관광산업은 타 산업에 비해 국내외적인 환경에 많은 영향을 받기 때문에 최근 중국관광객 급감에 따른 여파로 국내 관광산업은 여러 면에서 어려움을 겪고 있습니다.

전 세계 면세산업의 1위를 차지하고 있는 우리나라 면세산업의 역량을 다시 정비하고 면세산업의 전문인력을 양성하는 것은 이러한 어려운 상황을 극복하기 위해 가장 필요하다고 생각합니다.

수많은 중국어 교재가 발간되고 많은 학습자들이 중국어학습을 하고 있지만, 정작 대학에서 관광중국어 관련 교과목을 강의하면서도 실제 관광업계 현장을 생생하게 보여주고, 중국인 관광객을 효율적으로 응대하고 서비스할 수 있도록 준비된 교재를 찾는 것은 늘 어려운 숙제인 것 같습니다.

저자는 관광중국어통역안내원으로 재직했던 경험을 바탕으로 관광학 박사를 거쳐 대학에서 학생들에게 관광중국어 교과목을 강의하는 동안 해를 거듭할수록 가르친다는 것의 어려움과 책임감을 절감하게 되었습니다. 변화하는 환경과 매해 급변하는 학생들을 만나면서 이전처럼 단순히 이론과 지식만을 전하는 것뿐만 아니라 제자들의 변화와 요구를 이해하고, 더욱 실질적인 도움을 줄 수 있는 방법에 대해 고민하게 되었습니다.

‘면세판매실무중국어’는 구성에서부터 유효홍 교수님과 함께하여 마치 사랑하는 제자들을 위한 선물을 준비하는 마음으로 오랜 시간 고민한 결과 완성할 수 있었습니다.

이러한 순수함에서 시작된 교재가 면세분야에서 활약하는 학생들에게 실제 현장에서 큰 의지가 될 수 있기를 바라며, 끝으로 본 교재의 전 단계인 ‘면세쇼핑서비스중국어’ 교재와의 연계를 통해 더욱 체계적인 과정을 학습함으로써 중국어 면세판매서비스 능력을 겸비한 전문가로서 당당히 자리매김하기를 기대합니다.

저자 이하정

차례

第一课

免税销售服务的理解

(면세판매서비스의 이해)

第一课 免税销售服务的理解
(면세판매서비스의 이해)

新单词

祝贺	zhùhè	축하하다
负责	fùzé	책임을 지다
岗前	gǎngqián	정식 출근 전
培训	péixùn	훈련하다. 양성하다
将	jiāng	곧~할 것이다.
如何	rúhé	어떻게
掌握	zhǎngwò	파악하다
了解	liǎojiě	이해하다
所需	suǒxū	필요한 바
熟记	shújì	잘 기억하다
基本	jīběn	기본. 근본
构成	gòuchéng	구성
优点	yōudiǎn	장점
作用	zuòyòng	작용. 역할
及	jí	~에 이르다. ~에 달하다

效能	xiàonéng	효능
分析	fēnxī	분석하다
特征	tèzhēng	특징
竞争	jìngzhēng	경쟁
进行	jìnxíng	진행하다
基础	jīchǔ	기초. 토대
接待	jiēdài	접대하다. 응대하다
来访	láifǎng	내방하다. 방문하다
应对	yìngduì	응답하다. 대답하다
过程	guòchéng	과정
情况	qíngkuàng	상황. 정황
主打商品	zhǔdǎshāngpǐn	주력상품
首先	shǒuxiān	먼저
必须	bìxū	반드시
设计	shèjì	디자인
趋势	qūshì	추세 트랜드
重视	zhòngshì	중요시하다
名气	míngqì	명성. 인기
理智	lǐzhì	이성. 이성적이다
同价位	tóngjiàwèi	같은 가격대
高性能	gāoxìngnéng	고성능
目标	mùbiāo	목표
方式	fāngshì	방식. 패턴
不断	búduàn	끊임없다
提升	tíshēng	향상시키다.

服务态度	fúwùtàidù	서비스태도
服务精神	fúwùjīngshéng	서비스정신
提供	tígōng	제공하다
产业	chǎnyè	산업
自豪感	zìháogǎn	자부심
民间	mínjiān	민간
外交官	wàijiāoguān	외교관
专业人员	zhuānyèrényuán	전문가. 프로
销售服务	xiāoshòufúwù	판매서비스
指定	zhǐdìng	지정하다. 확정하다
接受	jiēshòu	받아들이다. 받다
实战	shízhàn	실전

课文 1

经理: 大家好!
dàjiā hǎo!

祝贺大家成为我们免税店的新员工。
zhùhè dàjiā chéngwéi wǒmen miǎnshuìdiàn de xīnyuángōng。

我是负责大家岗前免税知识培训的经理。
wǒ shì fùzé dàjiā gǎngqián miǎnshuì zhīshí péixùn de jīnglǐ。

今天大家将学习在应对中国游客时如何掌握和了解他们所需的免税品。
jīntiān dàjiā jiāng xuéxí zài yìngduì zhōngguóyóukè shí rúhé zhǎngwò hé liǎojiě tāmen suǒxū de miǎnshuìpǐn。

第一，大家要熟记自己将要工作卖场的品牌商品的基本构成。
dìyī, dàjiā yào shújì zìjǐ jiāngyào gōngzuò màichǎng de pǐnpáishāngpǐn de jīběn gòuchéng。

第二，还要掌握品牌商品的优点、作用及效能。
dìèr, hái yào zhǎngwò pǐnpáishāngpǐn de yōudiǎn, zuòyòng jí xiàonéng。

第三，能分析品牌商品的特征，和竞争品牌进行比较。
dìsān, néng fēnxī pǐnpáishāngpǐn de tèzhēng, hé jìngzhēng pǐnpái jìnxíng bǐjiào。

在这样的基础上，接待来访免税店的中国游客，准备应对售货过程中发生的各种情况。
zài zhèyàng de jīchǔ shàng, jiēdài láifǎng miǎnshuìdiàn de zhōngguó yóukè, zhǔnbèi yìngduì shòuhuò guòchéng zhōng fāshēng de gèzhǒng qíngkuàng。

从现在开始学习我们免税店中最受中国游客欢迎的品牌○○○和***的主打商品的构成和特征。
cóng xiànzài kāishǐ xuéxí wǒmen miǎnshuìdiàn zhōng zuì shòu zhōngguó yóukè huānyíng de pǐnpái ○○○ hé *** de zhǔdǎ shāngpǐn de gòuchéng hé tèzhēng。

课文 2

首先，大家要掌握顾客所需商品的知识。
shǒuxiān, dàjiā yào zhǎngwò gùkè suǒxū shāngpǐn de zhīshí。

不但要掌握品牌和商品的知识，还必须知道设计上的不同。
búdàn yào zhǎngwò pǐnpái hé shāngpǐn de zhīshí, hái bìxū zhīdào shèjìshàng de bùtóng。

最近，来免税店的中国游客的消费趋势变化很快。
zuìjìn, lái miǎnshuìdiàn de zhōngguóyóukè de xiāofèi qūshì biànhuà hěnkuài。

有从重视品牌名气到实用理智的消费变化。
yǒu cóng zhòngshì pǐnpái míngqì dào shíyòng lǐzhì de xiāofèi biànhuà。

还有中国游客来免税店前，有时对免税商品已经知道很多了。
háiyǒu zhōngguóyóukè lái miǎnshuìdiàn qián, yǒushí duì miǎnshuì shāngpǐn yǐjīng zhīdào hěn duō le。

所以我们要正确掌握顾客所知所需商品的特征。
suǒyǐ wǒmen yào zhèngquè zhǎngwò gùkè suǒzhīsuǒxū shāngpǐn de tèzhēng。

另外知道受顾客欢迎商品的特征，能推荐同价位的高性能产品。
lìngwài zhīdào shòu gùkè huānyíng shāngpǐn de tèzhēng, néng tuījiàn tóngjiàwèi de gāoxìngnéng chǎnpǐn。

为了这样的服务目标，要掌握商品知识的同时，还要注意中国游客的消费方式。
wèile zhèyàng de fúwù mùbiāo, yào zhǎngwò shāngpǐn zhīshí de tóngshí, hái yào zhùyì zhōngguóyóukè de xiāofèi fāngshì。

其次，我们要不断努力提升服务态度和服务精神。
qícì, wǒmén yào búduàn nǔlì tíshēng fúwùtàidù hé fúwùjīngshéng。

还有我们应该提供给顾客从进门到出门的最满意服务。
háiyǒu wǒmen yīnggāi tígōng gěi gùkè cóng jìnmén dào chūmén de zuì mǎnyì fúwù。

韩国是全世界免税产业第一大国。
hánguó shì quán shìjiè miǎnshuì chǎnyè dìyī dàguó。

所以大家要有自豪感，那就是对所有来访韩国的外国人，你们在免税方面要有一颗民间外交官的心。
suǒyǐ dàjiā yào yǒu zìháogǎn, nà jiùshì duì suǒyǒu láifǎng hánguó de wàiguórén, nǐmen zài miǎnshuì fāngmiàn yào yǒu yìkē mínjiān wàijiāoguān de xīn。

希望大家在自己的卖场能不断努力地提供专业人员的销售服务。
xīwàng dàjiā zài zìjǐ de màichǎng néng búduàn nǔlì de tígōng zhuānyè rényuán de xiāoshòufúwù。

现在请到各自指定的卖场接受销售服务的实战培训。
xiànzài qǐng dào gèzì zhǐdìng de màichǎng jiēshòu xiāoshòufúwù de shízhàn péixùn。

语法

1. 今天大家将学习在应对中国游客时如何掌握和了解他们所需的免税品。

'将'은 부사로 就要, 快要와 같이 '곧~할 것이다'의 의미를 나타낸다.

① 我将告诉他，我主意已定，不能改变。
wǒ jiāng gàosù tā, wǒ zhǔyì yǐdìng, bùnéng gǎibiàn。

② 我将和你一起欢笑，一起哭泣。
wǒ jiāng hé nǐ yìqǐ huānxiào, yìqǐ kūqì。

③ 我将让音乐伴随我的一生。
wǒ jiāng ràng yīnyuè bànsuí wǒ de yìshēng。

④ 老师的教导，我将永远铭记。
lǎoshī de jiàodǎo, wǒ jiāng yǒngyuǎn míngjì。

⑤ 今天下午他将在北京转机。
jīntiān xiàwǔ tā jiāng zài běijīng zhuǎnjī。

2. 还有中国游客来免税店前，有时对免税商品已经知道很多了。

'有时'는 '때로는'의 의미를 나타낸다.

① 竞争激烈的社会，有时人们的压力太大。
jìngzhēngjīliè de shèhuì, yǒushí rénmen de yālì tài dà。

② 周末，有时和爱人一起去爬山。
zhōumò, yǒushí hé àirén yìqǐ qù páshān。

③ 北京的夏天，有时特别热。
Běijīng de xiàtiān, yǒushí tèbié rè。

④ 天气好的话，有时我走着去公司。
tiānqì hǎo dehuà, yǒushí wǒ zǒu zhe qù gōngsī。

⑤ 有时真想一个人静静。
yǒushí zhēn xiǎng yí ge rén jìngjìng。

3. 另外知道受顾客欢迎商品的特征，能推荐同价位的高性能产品。

'另外'는 '그 밖의'의 의미를 나타낸다.

① 每天写日记，另外每星期一篇作文。
měitiān xiě rìjì, lìngwài měi xīngqī yì piān zuòwén。

② 另外留学生要交饭钱。
lìngwài liúxuéshēng yào jiāo fàn qián。

③ 你别走，另外还有工作。
nǐ bié zǒu, lìngwài háiyǒu gōngzuò。

④ 听好了，另外再给您讲一遍。
tīnghǎole, lìngwài zài gěi nín jiǎng yíbiàn。

⑤ 我们不要另外再见面了。
wǒmen búyào lìngwài zài jiànmiàn le。

4. 为了这样的服务目标，要掌握商品知识的同时，还要注意中国游客的消费方式。

'为了'는 '~하기 위해'의 의미를 나타낸다.

① 为了学韩语，很多外国人来韩国。
wèile xué hányǔ, hěn duō wàiguórén lái hánguó。

② 为了减肥，她不吃肉。
wèile jiǎnféi, tā bù chī ròu。

③ 为了专心工作，他不谈恋爱。
wèile zhuānxīn gōngzuò, tā bù tán liàn'ài。

④ 为了练习口语，他交了很多中国朋友。
wèile liànxí kǒuyǔ, tā jiāo le hěn duō zhōngguó péngyou。

⑤ 为了国家独立，很多人都牺牲了。
wèile guójiā dúlì, hěnduōrén dōu xīshēng le。

단어

改变	gǎibiàn	변하다
欢笑	huānxiào	즐겁게 웃다.
哭泣	kūqì	흐느끼다
伴随	bànsuí	함께 하다
教导	jiàodǎo	가르침
铭记	míngjì	명심하다
转机	zhuǎnjī	비행기를 갈아타다
竞争激烈	jìngzhēngjīliè	경쟁이심하다
作文	zuòwén	작문
专心	zhuānxīn	전념하다
谈恋爱	tán liàn'ài	연애하다
独立	dúlì	독립하다
牺牲	xīshēng	희생하다

练习

一. 문형 연습

1. 高中毕业，我将去大城市打工。
   前辈将把小说改成电影。
   我将把全部财产捐献。
   退休后，我将去全球游。
   我将去的地方还没决定。

2. 休息时间，有时我跳绳。
   有时上网玩儿游戏很有意思。
   有时写写画画，很有情趣。
   妈妈去美国了，有时我们视频。
   有时我知道女朋友为什么生气。

3. 我们另外找时间再说吧。
   她丢了钱，另外还受了伤。
   爸爸另外给了我五百块。
   他的另外三个孩子在美国。
   不用另外租房子，可以住我家。

4. 为了健康，要经常运动。

为了生活需要，大家都努力挣钱。

为了子女的教育，父母很辛苦。

为了升职，他常常加夜班。

为了家人，她放弃了去美国的机会。

단어

财产	cáichǎn	재산
捐献	juānxiàn	기부하다
退休	tuìxiū	퇴직하다
决定	juédìng	결정하다
跳绳	tiàoshéng	줄넘기
情趣	qíngqù	흥미
租	zū	임치하다
挣钱	zhèngqián	돈을 벌다.
升职	shēngzhí	승진하다
加夜班	jiāyèbān	야근하다
放弃	fàngqì	포기하다

二. 괄호 안에 들어간 단어를 보기에서 고르세요.

(应对 提升 竞争品牌 消费 推荐 基本构成 免税产业 所知所需 掌握 有时)

1. 大家要熟记自己将要工作卖场的品牌商品的(　　　　)。
2. 还要(　　　　)品牌商品的优点、作用及效能。
3. 能分析品牌商品的特征，和(　　　　)进行比较。
4. 准备(　　　　)售货过程中发生的各种情况。
5. (　　　　)对免税商品已经知道很多了。
6. 有从重视品牌名气到实用理智的(　　　　)变化。
7. 所以我们要正确掌握顾客(　　　　)商品的特征。
8. 能(　　　　)同价位的高性能产品。
9. 我们要不断努力(　　　　)服务态度和服务
10. 韩国是全世界(　　　　)第一大国。

三. 다음 빈칸을 채우세요.

중국어	중국어 발음과 성조	한국어 뜻
		중요시하다
	tí shēng	
岗前		
培训		
	qū shì	
		서비스태도
主打商品		
	tóng jià wèi	
		실전
高性能		

四. 다음 한국어 문장을 중국어로 번역하세요.

1. 저희 면세점에 신입사원으로 입사하게 되신 것을 축하드립니다.

2. 브랜드 상품에 대한 기본적인 구성을 알아야 합니다.

3. 브랜드 상품의 장점과 기능, 그리고 효용성을 파악을 해야 합니다.

4. 다른 경쟁 브랜드 상품과 비교할 수 있어야 합니다.

5. 디자인의 차이에 대해 반드시 알아야 합니다.

6. 브랜드의 이름보다는 실속 있는 합리적인 구매로의 변화되고 있습니다.

7. 손님들이 알고 찾으시는 제품에 대한 특징을 정확히 알아야합니다.

8. 중국 관광객의 소비패턴에 대해서도 관심을 가져야 합니다.

9. 우리나라는 전 세계 면세산업에서 1위의 면세 강대국입니다.

10. 판매서비스에 대한 실전을 교육받도록 하겠습니다.

第二课

免税商品的陈列
(면세상품의 디스플레이)

第二课 免税商品的陈列
(면세상품의 디스플레이)

新单词

橱窗	chúchuāng	쇼윈도
陈列	chénliè	진열하다
棒	bàng	훌륭하다
夸奖	kuājiǎng	칭찬하다
整体	zhěngtǐ	전체
蝴蝶	húdié	나비
相称	xiāngchèn	잘 어울리다.
拍照	pāizhào	사진을 찍다.
往	wǎng	~쪽으로
站	zhàn	서다
风格	fēnggé	컨셉
感受	gǎnshòu	느끼다
气息	qìxī	기운. 향기
感觉	gǎnjué	느낌
心情舒畅	xīnqíngshūchàng	마음이 편안하고 상쾌하다

抢先	qiǎngxiān	먼저, 미리
临近	línjìn	근접하다
摆	bǎi	진열하다. 배치하다
连衣裙	liányīqún	원피스
亮	liàng	환하다
气质	qìzhì	기품
理性	lǐxìng	이지적
利落	lìluò	깔끔하다
充满	chōngmǎn	가득차다. 충만하다
套	tào	덧씌우다. 걸쳐 입다.
开衫	kāishān	가디건
上市	shàngshì	출시하다
绝配	juépèi	제격이다. 딱이다
品位	pǐnwèi	품위
手感	shǒugǎn	촉감
展现	zhǎnxiàn	선보이다. 연출하다
衣着入时	yīzhuórùshí	옷차림이 유행 감각에 맞다.
围	wéi	둘러싸다
风情	fēngqíng	분위기
过季	guòjì	이월
眼光	yǎnguāng	안목
物有所值	wùyǒusuǒzhí	물건이 값어치가 있다.
物美价廉	wùměijiàlián	물건이 좋고 값도 싸다.

课文 1

售货员: 欢迎光临。需要帮忙吗?
huānyíngguānglín。xūyào bāngmáng ma?

顾客: 哇~ 那边橱窗的陈列真是太棒了。
wā~ nàbiān chúchuāng de chénliè zhēn shì tài bàng le。

售货员: 多谢夸奖。
duōxiè kuājiǎng。

顾客: 橱窗整体有蝴蝶和花儿相称的陈列好像春天来了一样。
chúchuāng zhěngtǐ yǒu húdié hé huār xiāngchèn de chénliè hǎoxiàng chūntiān lái le yíyàng。

这儿可以拍照吗?
zhèr kěyǐ pāizhào ma?

售货员: 当然可以。我帮您拍照。如果往前站一点儿就好了。
dāngrán kěyǐ。wǒ bāng nín pāizhào。rúguǒ wǎng qián zhàn yìdiǎnr jiù hǎo le。

一，二，三。好了~ 照好了。
yī, èr, sān。hǎole~ zhàohǎole。

顾客: 啊，谢谢。
ā, xièxiè。

这次陈列的风格是感受春天的气息吧。
zhè cì chénliè de fēnggé shì gǎnshòu chūntiān de qìxī ba。

春天马上就要来了的感觉让人心情舒畅。
chūntiān mǎshàng jiùyào láile de gǎnjué ràngrén xīnqín gshūchàng。

售货员: 是。是的。为了让顾客们抢先看到新商品，我们总是提前陈列。
shì。shìde。wèile ràng gùkèmen qiǎngxiān kàndào xīnshāngpǐn, wǒmen zǒngshì tíqián chénliè。

现在虽然还很冷，但是我们品牌已临近春天了。
xiànzài suīrán hái hěn lěng, dànshì wǒmen pǐnpái yǐn línjìn chūntiān le。

顾客: 啊，我也是一到这儿就感觉要准备春装了。
a, wǒ yěshì yí dào zhèr jiù gǎnjué yào zhǔnbèi chūnzhuāng le。

那前边摆着的连衣裙的颜色真亮。不知道我穿合适不合适。
nà qiánbiān bǎi zhe de liányīqún de yánsè zhēn liàng。bù zhīdào wǒ chuān héshì bu héshì。

售货员: 您的皮肤很白， 气质也很理性。陈列的商品是亮色，设计上也很利落，应该非常适合您。试穿一下儿吧!
nín de pífū hěn bái, qìzhì yě hěn lǐxìng, chénliè de shāngpǐn shì liàngsè, shèjìshàng yě hěn lìluò, yīnggāi fēicháng shìhé nín。nín shìchuān yíxiàr ba!

顾客: 好。那我试穿一下儿。
hǎo。nà wǒ shìchuān yíxiàr。

售货员: 哇~ 太漂亮了! 您真的很适合穿亮色。不但橱窗里好像春天来了一样，
wā~ tài piàoliàng le! nín zhēn de hěn shìhé chuān liàngsè。búdàn chúchuāng lǐ hǎnxiàng chūntiān lái le yíyàng。

卖场里也充满了春天的气息。
màichǎng lǐ yě chōngmǎn le chūntiān de qìxī。

顾客: 那个套在连衣裙上的开衫也拿下来给我看看行吗?
nà ge tào zài liányīqún shàng de kāishān yě náxiàlái gěi wǒ kànkan xíngma?

售货员: 当然可以。请等一下儿。
dāngrán kěyǐ。qǐng děng yíxiàr。

课文 2

售货员: 您穿上比陈列在橱窗里更亮，非常适合您。
nín chuān shàng bǐ chénliè zài chúchuāng lǐ gèng liàng, fēicháng shìhé nín。

顾客: 嗯…长短和颜色都很满意。
ēng...chángduǎn hé yánsè dōu hěn mǎnyì。

售货员: 简直太漂亮了。这款连衣裙是刚上市的新商品，一上市就很受欢迎。
jiǎnzhí tài piàoliàng le。zhè kuǎn liányīqún shì gāng shàngshì de xīn shāngpǐn, yí shàngshì jiù hěn shòu huānyíng。

和这个开衫是绝配，看起来很有品位。
hé zhège kāishān shì juépèi, kànqǐlái hěn yǒu pǐnwèi。

顾客: 是啊。设计上很利落，手感也很好。
shìa。shèjìshàng hěn lìluò, shǒugǎn yě hěn hǎo。

售货员: 和陈列的丝巾配的话，更能展现您衣着入时。
hé chénliè de sījīn pèi dehuà, gèng néng zhǎnxiàn nín yīzhuórùshí。

顾客: 那个丝巾我也试试。
nàge sījīn wǒ yě shìshi。

售货员: 您稍等。给您。围在开衫上面。怎么样？特别漂亮，是吧？
nín shāoděng。gěi nín。wéi zài kāishān shàngmiàn。zěnmeyàng? tèbié piàoliàng, shìba?

顾客: 啊，真的很有风情。打折吗？
ā, zhēnde hěn yǒu fēngqíng。dǎzhéma?

售货员: 我们卖场过季的商品打七五折。您选的是新商品，不打折。
wǒmen màichǎng guòjì de shāngpǐn dǎ qīwǔ zhé。nín xuǎn de shì xīnshāngpǐn, bù dǎzhé。

顾客: 那有没有别的优惠呢?
nà yǒuméiyǒu bié de yōuhuì ne?

售货员: 我们卖场现在购物超三百美元有赠品。
wǒmen màichǎng xiànzài gòuwù chāo sānbǎi měiyuán yǒu zèngpǐn。

这两个和丝巾一起结帐的话，可以拿到赠品。
zhè liǎng ge hé sījīn yìqǐ jiézhàng dehuà, kěyǐ nádào zèngpǐn。

顾客: 陈列的商品我都买了。都是最有人气的新商品，对吧?
chénliè de shāngpǐn wǒ dōu mǎi le。dōu shì zuì yǒu rénqì de xīnshāngpǐn, duìba?

售货员: 您的眼光很高， 选的都是最有人气的新商品。虽然有点儿贵，但是物有所值。
nín de yǎnguāng hěn gāo, xuǎn de dōushì zuì yǒu rénqì de xīnshāngpǐn。suīrán yǒudiǎnr guì, dànshì wùyǒusuǒzhí。

顾客: 好。知道了。一起结帐吧!
hǎo。zhīdàole。yìqǐ jiézhàng ba!

售货员: 谢谢。那右边儿摆的都是特价商品，您看看。
xièxiè。nà yòubiānr bǎi de dōu shì tèjià shāngpǐn, nín kànkan。

只限本周， 号码合适的话， 物美价廉， 是购买的好机会。
zhǐ xiàn běn zhōu, hàomǎ héshì dehuà, wùměijiàlián, shì gòumǎi de hǎo jīhuì。

顾客: 好。我看一下儿。
hǎo。wǒ kàn yíxiàr。

售货员: 我给您拿新的没开封的。请稍等。
wǒ gěi nín ná xīnde méi kāifēng de。qǐng shāoděng。

顾客: 好。知道了。
hǎo。zhīdàole。

语法

1. 橱窗整体有蝴蝶和花儿相称的陈列好像春天来了一样。

'好像~~~一样。'은 '마치 ~~~와/과 같다'의 의미를 나타낸다.

① 女儿好像天使一样。
nǚér hǎoxiàng tiānshǐ yíyàng。

② 她的脸红红的，好像苹果一样。
tā de liǎn hónghóng de, hǎoxiàng píngguǒ yíyàng。

③ 妈妈的爱好像冬天里的阳光一样。
māma de ài hǎoxiàng dōngtiān lǐ de yángguāng yíyàng。

④ 满天的星星好像孩子的眼睛一样。
mǎntiān de xīngxīng hǎoxiàng háizi de yǎnjīng yíyàng。

⑤ 她好像十年前一样，健康快乐。
tā hǎoxiàng shí nián qián yíyàng, jiànkāngkuàilè。

2. 如果往前站一点儿就好了。

'如果~~~就好了。'는 '만약~~~했으면 좋겠다'의 의미를 나타낸다.

① 如果多认识点儿汉字就好了。
rúguǒ duō rènshí diǎnr hànzì jiùhǎole。

② 如果我们都能去留学就好了。
rúguǒ wǒmen dōu néng qù liúxué jiùhǎole。

③ 如果足球队能和乒乓球队一样就好了。
rúguǒ zúqiúduì néng hé pīngpāngqiúduì yíyàng jiùhǎole。

④ 如果我有男朋友就好了。
rúguǒ wǒ yǒu nánpéngyǒu jiùhǎole。

⑤ 如果我能帮你就好了。
rúguǒ wǒ néng bāng nǐ jiùhǎole。

3. 一上市就很受欢迎。

'一~~~就~~~'는 '~~~하자마자~~~하다'의 의미를 나타낸다.

① 我不会喝酒，一喝就脸红。
wǒ búhuì hējiǔ, yì hē jiù liǎn hóng。

② 一躺下就睡着了。
yì tǎng xià jiù shuì zháo le。

③ 一听就知道是你。
yì tīng jiù zhīdào shì nǐ。

④ 他非常聪明，一学就会。
tā fēicháng cōngmíng, yì xué jiù huì。

⑤ 爸爸一回来就炒菜做饭。
bàba yì huílái jiù chǎocài zuòfàn。

4. 不知道我穿合适不合适。

'适合'는 동사로 쓰여 '적합하다, 알맞다'의 의미를 나타낸다.

① 你不适合这个发型，还是留长发好看。
nǐ bú shìhé zhège fàxíng, háishì liú chángfà hǎokàn。

② 这种化妆品很适合东方女性。
zhè zhǒng huàzhuāngpǐn hěn shìhé dōngfāng nǚxìng。

③ 别担心了，一定会找到适合你的工作。
bié dānxīn le, yídìng huì zhǎo dào shìhé nǐ de gōngzuò。

'合适'도 '적합하다, 알맞다'의 의미를 나타내지만 형용사이다.

① 这双运动鞋，不大不小，正合适。
zhè shuāng yùndòngxié, bú dà bù xiǎo, zhèng héshì。

② 这种电影，学生们看不太合适。
zhè zhǒng diànyǐng, xuéshēngmen kàn bútài héshì。

③ 我会在合适的时候，跟上司说这件事儿的。
wǒ huì zài héshì de shíhòu, gēn shàngsī shuō zhè jiàn shìr de。

단어

天使	tiānshǐ	천사
阳光	yángguāng	햇빛
躺	tǎng	눕다
发型	fàxíng	머리스타일
上司	shàngsī	상사

练习

一. 문형 연습

1. 她的笑容好像花儿一样美。
   老师好像母亲一样关心我们。
   长江好像长龙一样流向大海。
   爱惜时间好像爱惜生命一样。
   他好像小草一样坚强。

2. 如果人也有翅膀就好了。
   如果我能考100分就好了。
   如果有辣味儿的就好了。
   如果你早来五分钟就好了。
   如果免税店经常搞活动就好了。

3. 他一找到工作就搬家了。
   考试一结束大家就都出去玩儿。
   一有头疼的事儿他就喝酒。
   太阳一出来就暖和了。
   我一有时间就去看大海。

4. 她试了五件衣服，都不合适。

这个词用在这儿很合适。

上课不适合大声聊天。

韩国菜很适合我的口味。

这种游戏适合小孩子。

단어

笑容	xiàoróng	웃는 얼굴
流向	liúxiàng	흐르다
大海	dàhǎi	바다
爱惜	àixī	아끼다
坚强	jiānqiáng	굳세다
翅膀	chìbǎng	날개
大声	dàshēng	큰 소리
搬家	bānjiā	이사하다

二. 괄호 안에 들어갈 단어를 보기에서 고르세요.

(心情舒畅 特价商品 人气 优惠 满意 上市 连衣裙 适合 打折 陈列)

1. 那边橱窗的(　　　　)真是太棒了。

2. 春天马上就要来了的感觉让人(　　　　)。

3. 那前边摆着的(　　　　)的颜色真亮。

4. 应该非常(　　　　)您。试穿一下儿吧!

5. 长短和颜色都很(　　　　)。

6. 一(　　　　)就很受欢迎。

7. 您选的是新商品，不(　　　　)。

8. 那有没有别的(　　　　)呢?

9. 都是最有(　　　　)的新商品，对吧?

10. 那右边儿摆的都是(　　　　)，您看看。

三. 다음 빈칸을 채우세요.

중국어	중국어 발음과 성조	한국어 뜻
		쇼윈도
	chén liè	
棒		
夸奖		
	hú dié	
		가득 차다
衣着入时		
	lián yī qún	
		이월
物美价廉		

四. 다음 한국어 문장을 중국어로 번역하세요.

1. 저기 쇼윈도우의 디스플레이가 너무 멋있네요.

2. 저한테 어울릴지 모르겠어요.

3. 매장 전체에 화사한 봄기운이 넘치네요.

4. 이 원피스가 이제 막 출시된 신상품인데 나오자마자 인기가 많아요.

5. 길이도 색상도 마음에 드네요.

6. 저 스카프도 한번 둘러볼게요.

7. 가격은 할인이 되나요?

8. 저희가 현재 300달러 이상 구매시 사은품을 드리는 혜택이 있습니다.

9. 저희가 현재 이월상품은 25% 할인판매를 진행하고 있습니다.

10. 손님께서 고르신 제품은 신상품이여서 할인이 적용되지 않습니다.

第三课

皮肤类型

(피부유형)

第三课 皮肤类型(피부유형)

新单词

年纪	niánjì	연령. 연세
松弛	sōngchí	늘어지다. 느슨하게 하다.
深度	shēndù	깊이
滋养	zīyǎng	영양을 공급하다.
深层	shēncéng	심층
补水	bǔshuǐ	수분을 보충하다.
提拉	tílā	끌어올리다.
眼角	yǎnjiǎo	눈가
嘴角	zuǐjiǎo	입가
潮	cháo	세련되다. 유행에 민감하다.
坚持	jiānchí	지속하다
保养	bǎoyǎng	관리를 하다. 유지하다.
长	zhǎng	생기다
痘	dòu	여드름
过敏	guòmǐn	예민하다. 알레르기

头疼	tóuténg	머리가 아프다.
清洁	qīngjié	청결하다. 깨끗하다
洗面奶	xǐmiànnǎi	클렌징크림
挤	jǐ	짜다. 봄비다.
温和	wēnhé	부드럽다. 온화하다
纯	chún	백 프로. 순~
植物性	zhíwùxìng	식물성의
刺激	cìjī	자극하다. 자극적이다
辛辣	xīnlà	맵다
油炸	yóuzhá	기름에 튀기다.
食品	shípǐn	식품
痘痕	dòuhén	여드름 자국
终于	zhōngyú	마침내. 끝내
轮到	lúndào	차례가 되다, 순서가 되다.
暗斑	ànbān	기미
脸色	liǎnsè	안색, 혈색
发黄	fāhuáng	색이 노랗다.
更年期	gēngniánqī	갱년기
症状	zhèngzhuàng	증세, 증상
浓缩	nóngsuō	농축
眼霜	yǎnshuāng	아이크림
心情	xīnqíng	기분, 심정
佳	jiā	좋다, 훌륭하다, 우수하다.
一律	yílǜ	예외 없이, 모두 다
减	jiǎn	빼다, 덜다.

课文

售货员：欢迎光临，你们三个人是一起的吗？
huānyíng guānglín,nǐnmen sān ge rén shì yìqǐ de ma?

妈妈：这是我母亲，那是我女儿。我们都想买适合自己的化妆品。
zhè shì wǒ mǔqīn, nà shì wǒ nǚér。wǒmen dōu xiǎng mǎi shìhé zìjǐ de huàzhuāngpǐn。

售货员：好，那让我帮你们慢慢儿挑！
hǎo, nà ràng wǒ bāng nǐmen mànmānr tiāo!

外婆：我的年纪大了，皮肤松弛，皱纹也很多。不知道哪种好呢？
wǒ de niánjì dà le, pífū sōngchí, zhòuwén yě hěn duō。bù zhīdào nǎ zhǒng hǎo ne?

售货员：您这样的年纪需要深度滋养，深层补水。最好是有提拉皮肤效果的营养霜。帮助您提拉眼角皱纹和嘴角皱纹。
nín zhèyàng de niánjì xūyào shēndù zīyǎng, shēncéng bǔshuǐ。zuìhǎo shì yǒu tílā pífū xiàoguǒ de yíngyǎngshuāng。bāngzhù nín tílā yǎnjiǎo zhòuwén hé zuǐjiǎo zhòuwén。

外婆：看你们韩国的老奶奶都很潮。皮肤都很好的样子。
kàn nǐmen hánguó de lǎonǎinǎi dōu hěn cháo。pífū dōu hěn hǎo de yàngzi。

售货员：您只要坚持保养，也会和她们一样的。
nín zǐyào jiānchí bǎoyǎng, yě huì hé tānmen yíyàng de。

女儿：您帮我看看，我总爱长痘，化妆品用不好还经常过敏，真是让人头疼得很。
nín bāng wǒ kànkan, wǒ zǒng ài zhǎng dòu, huàzhuāngpǐn yòng bù hǎo hái jīngcháng guòmǐn, zhēn shì ràng rén tóu tén de hěn。

售货员: 我建议您用深度清洁的洗面奶。不要用手挤痘，要保持皮肤干净。
wǒ jiànyì nín yòng shēndù qīngjié de xǐmiànnǎi。búyào yòng shǒu jǐ dòu，yào bǎochí pífū gānjìng。

女儿: 我最怕换化妆品了。我喜欢温和一点儿的。
wǒ zuì pà huàn huàzhuāngpǐn le。wǒ xǐhuān wēnhé yìdiǎnr de。

售货员: 这种纯植物性的很适合您。对皮肤没什么刺激。另外，平时要少吃辛辣和油炸食品。
zhè zhǒng chún zhíwùxìng de hěn shìhé nín。duì pífū méishénme cìjī。lìngwài，píngshí yào shǎo chī xīnlà hé yóuzhá shípǐn。

售货员: 对了，我看您脸上有很多痘痕，用这个遮盖霜最好了。
duìle，wǒ kàn nín liǎn shàng yǒu hěn duō dòuhén，yòng zhè ge zhēgàishuāng zuì hǎo le。

妈妈: 终于轮到我了。您也帮我推荐一下儿吧!
zhōngyú lúndào wǒ le。nín yě bāng wǒ tuījiàn yíxiàr ba!

售货员: 您的皮肤有什么问题呢?
nín de pífū yǒu shénme wèntí ne?

妈妈: 我暗斑多，而且脸色发黄，没有光泽。
wǒ ànbān duō，érqiě liǎnsè fāhuáng，méiyǒu guāngzé。

售货员: 您这是更年期的症状， 应该多用浓缩的精华液、眼霜、营养霜。
nín zhè shì gēngniánqī de zhèngzhuàng，yīnggāi duō yòng nóngsuō de jīnghuáyè、yǎnshuāng、yíngyǎngshuāng。

妈妈: 那就行了吗?
nà jiù xíng le ma?

售货员: 一定要保持好的心情，注意休息，平时还要多喝水。
yídìng yào bǎochí hǎo de xīnqíng，zhùyì xiūxi，píngshí hái yào duō hē shuǐ。

妈妈: 这种怎么样?
zhè zhǒng zěnmeyàng?

售货员: 这是保湿的，晚睡前使用，护肤效果最佳。
zhè shì bǎoshīde, wǎn shuì qián shǐyòng, hùfū xiàoguǒ zuì jiā。

妈妈: 挑好的这些，都一起买了。
tiāo hǎo de zhèxiē, dōu yìqǐ mǎi le。

售货员: 外国人一律打八折。您有优惠券，再给您减百分之五。
wàiguórén yílǜ dǎ bāzhé。nín yǒu yōuhuìquàn, zài gěi nín jiǎn bǎi fēn zhī wǔ。

语法

1. 您只要坚持保养，也会和她们一样的。

'和~一样'은 '~와 같다'의 의미를 나타낸다.

① 我想买和广告上一样的化妆品。
wǒ xiǎng mǎi hé guǎnggào shàng yíyàng de huàzhuāngpǐn。

② 我和你一样，是新来的。
wǒ hé nǐ yíyàng, shì xīn lái de。

③ 女孩子不喜欢穿和别人一样的衣服。
nǚ háizi bù xǐhuān chuān hé biérén yíyàng de yīfu。

④ 中国人和韩国人一样，很喜欢旅游。
zhōngguórén hé hánguórén yíyàng, hěn xǐhuān lǚyóu。

⑤ 韩剧和韩国热舞一样，都很受欢迎。
hánjù hé hánguórèwǔ yíyàng, dōu hěn shòu huānyíng。

2. 您帮我看看，我总爱长痘，化妆品用不好还经常过敏，真是让人头疼得很。

'总爱'은 '항상, 늘, 언제나'의 의미를 나타낸다. 동작의 빈도가 높다.

① 我总爱买打广告的产品，不管用没用过。
wǒ zǒng ài mǎi dǎguǎnggào de chǎnpǐn, bùguǎn yòng méi yòngguo。

② 她总爱化淡妆，看起来很清爽的样子。
tā zǒng ài huà dànzhuāng, kànqǐlái hěn qīngshuǎng de yàngzi。

③ 学生们总爱在咖啡店里学习。
xuéshēngmen zǒng ài zài kāfēidiàn lǐ xuéxí。

④ 中国人总爱晚饭后散步。
zhōngguórén zǒng ài wǎnfàn hòu sànbù。

⑤ 韩国人总爱追赶潮流。
hánguórén zǒng ài zhuīgǎn cháoliú。

3. 您帮我看看，我总爱长痘，化妆品用不好还经常过敏，真是让人头疼得很。

'得'은 구조조사로 동사나 형용사와 정도보어를 연결시킨다.

기본 문형은 '동사+得+정도보어'입니다.

① 要想说得好，必须努力练习。
yào xiǎng shuō de hǎo, bìxū nǔlì liànxí。

② 吃得好，睡得好，玩儿得好。
chī de hǎo, shuì de hǎo, wánr de hǎo。

③ 他们的关系，好得像一家人。
tāmen de guānxì, hǎo de xiàng yì jiā rén。

④ 这个电影笑得人肚子疼。
zhè ge diànyǐng xiào de rén dùzi téng。

⑤ 我感觉他翻译得不对。
wǒ gǎnjué tā fānyì de bú duì。

4. 另外，平时要少吃辛辣和油炸食品。

'另外'는 '또한, 그 밖에, 따로'의 의미를 나타낸다.

① 我们为了中国顾客，另外准备了红色。
wǒmen wèile zhōngguó gùkè, lìngwài zhǔnbèi le hóngsè。

② 我们不习惯喝凉水，另外给我们送点儿热茶，好吗？
wǒmen bù xíguàn hē liángshuǐ, lìngwài gěi wǒmen sòng diǎnr rèchá, hǎoma?

③ 一定要涂防晒霜，另外要注意防晒指数。
yídìng yào tú fángshàishuāng, lìngwài yào zhùyì fángshài zhǐshù。

④ 这个是样品，我另外给您拿新的。
zhège shì yàngpǐn, wǒ lìngwài gěi nín ná xīn de。

⑤ 我想和大家说说另外一个行程。
wǒ xiǎng hé dàjiā shuōshuo lìngwài yí ge xíngchéng。

단어

广告	guǎnggào	광고
追赶	zhuīgǎn	따라잡다
潮流	cháoliú	유행
防晒指数	fángshàizhǐshù	자외선 차단 지수
样品	yàngpǐn	샘플

练习

一. 문형 연습

1. 她和小时候一样，又瘦又小。
   妈妈和姥姥一样，喜欢唠叨。
   小猫、小狗和小孩子一样，非常可爱。
   他花钱和流水一样。
   她的性格和爸爸一样。

2. 他总爱一个人玩儿手机。
   我们总爱在外面吃早餐。
   他们总爱周末去大超市买东西。
   女孩子不化妆时，总爱戴帽子。
   大家总爱在放假的时候去旅游。

3. 这几天热得厉害。
   他的心跳得很快。
   上课时，困得不得了。
   我累得走不动了。
   这次考试简单得很。

4. 每个人都要写作业，另外还要写日记。

开学要交学费，另外还要准备书费。

大家先别走，另外还有事儿。

奶奶另外给了我三百块。

我们另外找时间再说吧!

단어

唠叨	láodao	잔소리하다
流水	liúshuǐ	흐르는 물
性格	xìnggé	성격
戴帽子	dàimàozi	모자를 쓰다
放假	fàngjià	방학하다
厉害	lìhài	심하다, 대단하다.
不得了	bùdéliǎo	매우 심하다.
日记	rìjì	일기
准备	zhǔnbèi	준비하다

二. 괄호 안에 들어간 단어를 보기에서 고르세요.

(深度清洁 一律 温和 保湿 适合 植物性 坚持 皮肤 眼角 过敏 嘴角)

1. 我们都想买(　　　　)自己的化妆品。

2. 最好是有提拉(　　　　)的营养霜。

3. 帮助您提拉(　　　　)皱纹和(　　　　)皱纹。

4. 您只要(　　　　)保养，也会和她们一样的。

5. 化妆品用不好还经常(　　　　)，真是让人头疼得很。

6. 我建议你用(　　　　)的洗面奶。

7. 我喜欢(　　　　)一点儿的。

8. 这种纯(　　　　)的很适合你。

9. 这是(　　　　)的，晚睡前使用，护肤效果最佳。

10. 外国人(　　　　)打八折。

三. 다음 빈칸을 채우세요.

중국어	중국어 발음과 성조	한국어 뜻
		수분을 보충하다
	nián jì	
温和		
痘痕		
	qīng jié	
		식물성
过敏		
	gēng nián qī	
		아이크림
一律		

四. 다음 한국어 문장을 중국어로 번역해 주세요.

1. 좋습니다. 제가 천천히 골라 드리겠습니다.

2. 한국 할머니들은 모두 다 세련되어 보입니다.

3. 손으로 여드름을 짜시면 안 되고 깨끗한 피부상태를 유지해야 합니다.

4. 피부에 자극성이 없습니다.

5. 드디어 제 차례가 되었네요.

6. 고객님의 피부 고민이 뭡니까?

7. 저는 기미도 많고 얼굴이 노랗고 윤기가 없습니다.

8. 농축된 에센스와 아이 크림, 영양 크림을 많이 발라야 합니다.

9. 아까 골랐던 것을 모두 같이 계산해 주세요.

10. 할인권이 있으셔서 5% 할인해 드립니다.

第四课

化妆方法
(메이크업 방법)

第四课 化妆方法(메이크업 방법)

新单词

拍	pāi	사진을 찍다. 촬영하다
婚纱照	hūnshāzhào	웨딩사진
新娘	xīnniáng	신부
由~负责	yóu~fùzé	책임지고 처리하다.
婚庆公司	hūnqìnggōngsī	결혼 준비 대행사
日常妆	rìchángzhuāng	데일리 메이크업
浓妆	nóngzhuāng	짙은 화장
淡妆	dànzhuāng	옅은 화장
浓妆艳抹	nóngzhuāngyànmǒ	야하고 짙은 화장
自然妆	zìránzhuāng	내추럴 메이크업
一一	yīyī	하나하나. 일일이. 차례대로
形象	xíngxiàng	이미지
顺序	shùnxù	순서, 절차
外行	wàiháng	문외한
隔离霜	gélíshuāng	메이크업 베이스
脖子	bózi	목
相近	xiāngjìn	비슷하다

面具脸	miànjùliǎn	가면, 탈
定妆	dìngzhuāng	메이크업 고정
散粉	sǎnfěn	루스파우더
贴近	tiējìn	아주 가깝다.
根部	gēnbù	뿌리 부분
渐渐	jiànjiàn	점점
消失	xiāoshī	사라지다
过程	guòchéng	과정
外眼角	wàiyǎnjiǎo	눈꼬리
过渡	guòdù	넘다, 건너다.
内眼角	nèiyǎnjiǎo	눈 앞머리
宽度	kuāndù	넓이
长度	chángdù	길이
眼型	yǎnxíng	눈 모양
边缘	biānxuán	주변
死板	sǐbǎn	생동적이지 않다.
尾部	wěibù	꼬리부분
夹	jiá	집다
均匀	jūnyún	고르다. 균일하다.
眉峰	méifēng	눈썹
眼妆	yǎnzhuāng	눈 화장
心灵	xīnlíng	마음, 영혼
窗户	chuānghù	창문
透明	tòumíng	투명하다
大功告成	dàgōnggàochéng	일이 다 성사됐다. 큰일을 이루었다.
似的	shìde	(마치)~과 같다.
前台	qiántái	카운터

课文

售货员: 您好！欢迎光临我们卖场。
nínhǎo, huānyíng guānglín wǒmen màichǎng。

新娘: 我想买一套彩妆。
wǒ xiǎng mǎi yí tào cǎizhuāng。

售货员: 您是要买一套吗?
nín shì yào mǎi yí tào ma?

新郎: 我们是来韩国拍婚纱照的。
wǒmen shì lái hánguó pāi hūnshāzhào de。

售货员: 请等一下儿，我帮您看看。
qǐng děng yíxiàr, wǒ bāng nín kànkan。

您是想买新娘化妆用的?
nín shì xiǎng mǎi xīnniáng huàzhuāng yòng de?

新娘: 不是，不是，拍婚纱照时，化妆由婚庆公司负责。
búshì, búshì, pāi hūnshāzhào shí, huàzhuāng yóu hūnqìng gōngsī fùzé。

我想买日常妆用的彩妆。
wǒ xiǎng mǎi rìchángzhuāng yòng de cǎizhuāng。

售货员: 那您喜欢浓妆还是淡妆?
nà nín xǐhuān nóngzhuāng háishì dànzhuāng?

新娘: 我不喜欢浓妆艳抹，我更喜欢自然妆。
wǒ bù xǐhuān nóngzhuāngyànmǒ, wǒ gèng xǐhuān zìránzhuāng。

售货员: 那让我一一向您推荐。
nà ràng wǒ yīyī xiàng nín tuījiàn。

新郎: 她不太会化妆，结婚以后，她想有个新形象。
tā bútài huì huàzhuāng, jiéhūn yǐhòu, tā xiǎng yǒu ge xīn xíngxiàng。

售货员: 那您知道化妆的具体顺序吗？
nà nín zhīdào huàzhuāng de jùtǐ shùnxù ma?

新娘: 我爱人说得一点儿都没错，我是外行，不懂。
wǒ àirén shuō de yìdiǎnr dōu méicuò, wǒ shì wàiháng, bùdǒng。

售货员: 那好，基础就不用说了，用了隔离霜后，从粉底开始。
nà hǎo, jīchǔ jiù búyòng shuō le, yòng le gélíshuāng hòu, cóng fěndǐ kāishǐ。

新娘: 您看我，脸和脖子总是两个颜色。
nín kàn wǒ, liǎn hé bózi zǒngshì liǎng ge yánsè。

售货员: 那我建议您买和脖子肤色相近的粉底，这样就不会出现面具脸。
nà wǒ jiànyì nín mǎi hé bózi fūsè xiāngjìn de fěndǐ, zhèyàng jiù búhuì chūxiàn miànjùliǎn。

新娘: 那定妆呢？
nà dìngzhuāng ne?

售货员: 用散粉和粉底都可以。同样要选和肤色相近的颜色。
yòng sǎnfěn hé fěndǐ dōu kěyǐ。tóngyàng yào xuǎn hé fūsè xiāngjìn de yánsè。

新娘: 眼影我总是画不好。
yǎnyǐng wǒ zǒngshì huà bùhǎo。

售货员: 眼影要贴近睫毛根部开始画，越往上颜色越淡，要有一个渐渐消失的过程。
yǎnyǐng yào tiējìn jiémáo gēnbù kāishǐ huà, yuè wǎng shàng yánsè yuè dàn, yàoyǒu yíge jiànjiàn xiāoshī de guòchéng。

新娘： 下眼影也一样吗？
xià yǎnyǐng yě yíyàng ma?

售货员： 下眼影要从外眼角开始，慢慢过渡到内眼角，颜色重点在外眼角上。
xià yǎnyǐng yào cóng wài yǎnjiǎo kāishǐ, mànmàn guòdù dào nèi yǎnjiǎo, yánsè zhòngdiǎn zài wài yǎnjiǎo shàng。

售货员： 您再看，眼线的宽度和长度要根据自己的眼型来画，边缘不要太明显，看上去很死板。
nín zài kàn, yǎnxiàn de kuāndù hé chángdù yào gēnjù zìjǐ de yǎnxíng lái huà, biānxuán búyào tài míngxiǎn, kànshàngqù hěn sǐbǎn。

新娘： 睫毛怎么弄？
jiémáo zěnme nòng?

售货员： 睫毛的根部，中部和尾部都要夹一下儿，使睫毛自然上翘。睫毛膏要均匀浓密。
jiémáo de gēnbù, zhōngbù hé wěibù dōu yào jiá yíxiàr, shǐ jiémáo zìrán shàngqiào。jiémáogāo yào jūnyún nóngmì。

售货员： 眉峰呢，可以高一点儿，不要过长。
méifēng ne, kěyǐ gāo yìdiǎnr, búyào guò cháng。

售货员： 眼妆最重要。中国人不是常说吗，眼睛是心灵的窗户。
yǎnzhuāng zuì zhòngyào。zhōngguórén búshì cháng shuō ma, yǎnjīng shì xīnlíng de chuānghù。

新娘： 腮红选什么颜色好？
sāihóng xuǎn shénme yánsè hǎo?

售货员： 日常妆，淡粉色和淡桔色都可以。
rìchángzhuāng, dàn fěnsè hé dàn júsè dōu kěyǐ。

售货员： 最后涂点儿透明或淡色的唇彩就大功告成了。
zuìhòu tú diǎnr tòumíng huò dànsè de chúncǎi jiù dàgōng gàochéng le。

新郎: 哇！这还是我老婆吗？跟换了个人似的。
wā! zhè háishì wǒ lǎopó ma? gēn huàn le ge rén shìde。

新娘: 谢谢你。刚才用的这些都要了。
xièxiènǐ。gāngcái yòng de zhèxiē dōu yào le。

售货员: 跟我到前台结帐吧!
gēn wǒ dào qiántái jiézhàng ba!

语法

1. 不是，不是，拍婚纱照时，化妆由婚庆公司负责。

'由~~~负责'는 '누군가 책임지고 처리하다'의 의미를 나타낸다.

① 这个团由哪个导游负责?
zhè ge tuán yóu nă ge dǎoyóu fùzé?

② 产品出现质量问题由厂家负责。
chǎnpǐn chūxiàn zhìliàng wèntí yóu chǎngjiā fùzé。

③ 你们在韩国的旅程由我负责。
nǐmen zài hánguó de lǚchéng yóu wǒ fùzé。

④ 在中国，结婚费用由男方负责。
zài zhōngguó, jiéhūn fèiyòng yóu nánfāng fùzé。

⑤ 由我负责接待韩国嘉宾。
yóu wǒ fúzé jiēdài hánguó jiābīn。

2. 眼影要贴近睫毛根部开始画，越往上颜色越淡，要有一个渐渐消失的过程。

'越~越~'는 '갈수록~더~하다'의 의미를 나타낸다.

① 电子产品总是越出越好。
diànzǐ chǎnpǐn zǒngshì yuè chū yuè hǎo。

② 你的汉语越说越好。
nǐ de hànyǔ yuè shuō yuè hǎo。

③ 工作都是越做越熟悉。
gōngzuò dōu shì yuè zuò yuè shúxī。

또한, '越来越~'의 형식으로도 쓰인다.

① 天气越来越热了。
tiānqì yuèláiyuè rè le。

② 中国客人越来越多了。
zhōngguó kèrén yuèláiyuè duō le。

③ 酒店越来越便宜。
jiǔdiàn yuèláiyuè piányi。

3. 睫毛的根部，中部和尾部都要夹一下儿，使睫毛自然上翘。

'使'는 '~하게 하다. ~시키다'의 의미를 나타낸다.

① 画好眼妆，使您看起来眼睛有神。
huà hǎo yǎnzhuāng, shǐ nín kànqǐlái yǎnjīng yǒu shén。

② 他讲了很多次，使学生们明白道理。
tā jiǎng le hěn duō cì, shǐ xuéshengmen míngbái dàolǐ。

③ 免税店做了很多努力，使客人不流失。
miǎnshuìdiàn zuò le hěn duō nǔlì, shǐ kèrén bù liúshī。

④ 在政府的帮助下，使很多山区过上了现代化生活。
zài zhèngfǔ de bāngzhùxià, shǐ hěn duō shānqū guò shàng le xiàndàihuà shēnghuó。

⑤ 中国的经济腾飞，使全世界刮目相看。
zhōngguó de jīngjì téngfēi, shǐ quán shìjiè guāmùxiāngkàn。

4. 哇！这还是我老婆吗？跟换了个人似的。

'~~~似的'는 '~과~~~같다'의 의미를 나타낸다.

① 你怎么跟个孩子似的。
nǐ zěnme gēn ge háizi shìde。

② 我们都跟没吃饭的人似的。
wǒmen dōu gēn méi chīfàn de rén shìde。

③ 十年就跟一个月似的。
shí nián jiù gēn yí ge yuè shìde。

④ 他的汉语说得跟中国人似的。
tā de hànyǔ shuō de gēn zhōngguórén shìde。

⑤ 游客买东西就跟不要钱似的。
yóukè mǎi dōngxī jiù gēn búyào qián shìde。

단어

产品	chǎnpǐn	제품
厂家	chǎngjiā	제조업자
接待	jiēdài	접대하다
嘉宾	jiābīn	귀한 손님
有神	yǒushén	눈이 생기 있다.
道理	dàolǐ	이치
流失	liúshī	유실하다
政府	zhèngfǔ	정부
山区	shānqū	산악 지구
现代化	xiàndàihuà	현대화
腾飞	téngfēi	비상하다
刮目相看	guāmùxiāngkàn	다시 보게 됐다.

练习

一. 문형 연습

1. 由一个人负责，不太合理。
   做菜，做饭，由爸爸负责。
   学校的工作由校长负责。
   卖场的管理由经理负责。
   这件事儿由办公室主任负责。

2. 国家的实力越来越强大。
   大家的生活越来越好。
   年轻人越来越重视环保。
   花儿越开越漂亮。
   秋天，越下雨越凉。

3. 音乐使我们感动。
   经历使我们成熟。
   感恩使我们生活得幸福。
   淡淡的花香使家里很舒适。
   童年的美好记忆使我无法忘记。

4. 她好像有心事儿似的。
   十五的月亮像明镜似的。
   山上的枫叶像火似的。
   他做工作像工作狂似的。
   像过节似的做了很多菜。

단어

合理	hélǐ	합리적이다
实力	shílì	실력
重视	zhòngshì	중요시하다
环保	huánbǎo	환경보호
感动	gǎndòng	감동하다, 감동시키다
经历	jīnglì	경험, 경력
工作狂	gōngzuòkuáng	일벌레
成熟	chéngshú	성숙하다
感恩	gǎn'ēn	은혜에 감사하다
童年	tóngnián	어린 시절
记忆	jìyì	기억
心事儿	xīnshìr	걱정거리
明镜	míngjìng	맑은 거울
枫叶	fēngyè	단풍
火	huǒ	불

二. 괄호 안에 들어간 단어를 보기에서 고르세요.

(眼妆 眼睛 淡妆 顺序 浓妆 似的 婚纱照 新娘 不懂 颜色 日常)

1. 我们是来韩国拍(　　　　)的。

2. 您是想买(　　　　)化妆用的?

3. 那您喜欢(　　　　)还是(　　　　)?

4. 那您知道化妆的具体(　　　　)吗?

5. 我是外行，(　　　　)。

6. 您看我，脸和脖子总是两个(　　　　)。

7. (　　　　)最重要。

8. (　　　　)是心灵的窗户。

9. (　　　　)妆，淡粉色和淡桔色都可以。

10. 跟换了个人(　　　　)。

三. 다음 빈칸을 채우세요.

중국어	중국어 발음과 성조	한국어 뜻
		문외한
	xíng xiàng	
婚庆公司		
定妆		
	miàn jù liǎn	
		루스파우더
眼形		
	sǐ bǎn	
		집다
大功告成		

四. 다음 한국어 문장을 중국어로 번역하세요.

1. 웨딩 촬영할 때 대행 회사가 화장을 책임집니다.

2. 저는 짙은 화장은 별로이고 자연스러운 것을 좋아합니다.

3. 그럼 제가 하나씩 추천해 드리겠습니다.

4. 화장의 구체적인 순서를 알고 계십니까?

5. 그러면 제가 목 피부 톤하고 비슷한 파운데이션을 추천 해드리겠습니다.

6. 볼터치는 어떤 색상이 좋을까요?

7. 평소에는 연한 핑크색과 연한 오렌지색 모두 괜찮습니다.

8. 마지막으로 투명하거나 연한 립글로스 발라주시면 됩니다.

9. 우리 아내가 맞습니까? 완전히 다른 사람이 되었네요.

10. 저와 함께 카운터로 가서서 결재하겠습니다.

第五课

香水
(향수)

第五课 香水(향수)

新单词

香奈儿	xiāngnàiér	샤넬
香水	xiāngshuǐ	향수
花香	huāxiāng	꽃향기
果香	guǒxiāng	과일향기
上班	shàngbān	출근하다
淡香	dànxiāng	연한 향기
试香	shìxiāng	향기 테스트
闻	wén	(냄새) 맡다
清淡高雅	qīngdàngāoyǎ	산뜻하고 우아하다
职业女性	zhíyènǚxìng	직업여성
系列	xìliè	시리즈
邂逅	xièhòu	해후하다. 우연히 만나다.
清新	qīngxīn	상큼하다
怡人	yírén	마음을 기쁘게 하다.
柑桔	gānjú	감귤

闺蜜	guīmì	절친(여자끼리)
聚会	jùhuì	모임
浓郁	nóngyù	짙다
余韵悠长	yúyùnyōucháng	여운이 오래가다.
尽显	jìnxiǎn	충분히 내보이다.
魅力	mèilì	매력
视频	shìpín	영상통화
体验装	tǐyànzhuāng	체험샘플

课文

售货员： 您好！欢迎光临香奈儿卖场。
nínhǎo! huānyíng guānglín xiāngnàiér màichǎng。

顾客： 我想买瓶香水。
wǒ xiǎng mǎi píng xiāngshuǐ。

售货员： 您是第一次来吗？
nín shì dìyící lái ma?
您喜欢花香还是果香？
nín xǐhuān huāxiāng háishì guǒxiāng?

顾客： 我上班的时候用，淡香比较好一点儿。
wǒ shàngbān de shíhòu yòng, dànxiāng bǐjiào hǎoyìdiǎnr。

售货员： 请等一下儿，我帮您试香。
qǐng děng yíxiàr, wǒ bāng nín shìxiāng。
您闻闻这个花香的，清淡高雅，很适合职业女性。
nín wénwén zhège huāxiāngde, qīngdàngāoyǎ, hěn shìhé zhíyè nǚxìng。

顾客： 这是哪个系列的？
zhè shì nǎ ge xìliè de?

售货员： 这是邂逅淡香水。粉色系。
zhè shì xièhòu dàn xiāngshuǐ。fěnsè xì。

顾客： 其实我更喜欢果香的。
qíshí wǒ gèng xǐhuān guǒxiāng de。

售货员： 那您再看看这个五号之水，清新怡人的柑桔香。
nà nín zài kànkan zhè ge wǔhàozhīshuǐ, qīngxīnyírén de gānjú xiāng。

顾客: 对了，我还想买瓶送闺密。
duìle, wǒ hái xiǎng mǎi píng sòng guīmì。

售货员: 那您知道她喜欢什么香吗?
nà nín zhīdào tā xǐhuān shénme xiāng ma?

顾客: 她的聚会比较多，来浓郁一点儿的。
tā de jùhuì bǐjiào duō, lái nóngyù yìdiǎnr de。

售货员: 那就这款吧，余韵悠长，尽显女性魅力。
nà jiù zhè kuǎn ba, yúyùnyōucháng jìnxiǎn nǚxìng mèilì 。

顾客: 对不起，我先跟她视频一下儿，然后让她自己选。
duìbuqǐ, wǒ xiān gēn tā shìpín yíxiàr, ránhòu ràng tā zìjǐ xuǎn。

~~~~~~

售货员: 您选好了没有?
nín xuǎn hǎo le méiyǒu?

顾客: 好了。花香和果香一样一瓶。
hǎole。huāxiāng hé guǒxiāng yíyàng yìpíng。

售货员: 有35毫升和50毫升两种，您要哪种?
yǒu sānshíwǔ háoshēng hé wǔshí háoshēng liǎng zhǒng, nín yào nǎ zhǒng?

顾客: 要50毫升的。
yào wǔshí háoshēng de。

售货员: 好的，我给您打包装。
hǎode, wǒ gěi nín dǎ bāozhuāng。

顾客: 请包得漂亮一点儿。
qǐng bāo de piàoliàng yìdiǎnr。

售货员: 您的回国日期是十月八号，对不对?
nín de huíguó rìqī shì shí yuè bā hào, duìbuduì?
~~~~~~

顾客: 对，下个星期一。
duì, xià ge xīngqīyī。

售货员: 您的手机号是多少?
nín de shǒujīhào shì duōshǎo?

顾客: 168-8888-8888。
yāoliùbā-bābābābā-bābābābā。

售货员: 确认后请签名。
quèrèn hòu qǐng qiānmíng。

售货员: 这是体验装，您拿好。
zhèshì tǐyànzhuāng, nín ná hǎo。

语法

1. 请等一下儿，我帮您试香。

'我帮您+동사'는 판매 매장에서 고객한테 어떤 일을 적극적으로 도와주다의 의미를 나타낸다.

① 我帮您试试这种新商品。
wǒ bāng nín shìshì zhè zhǒng xīnshāngpǐn。

② 我帮您查查库房里还有没有。
wǒ bāng nín cháchá kùfáng lǐ hái yǒu méiyǒu。

③ 我帮您看看这双鞋的号码。
wǒ bāng nín kànkan zhè shuāng xié de hàomǎ。

④ 我帮您申请一张黄金卡。
wǒ bāng nín shēnqǐng yì zhāng huángjīn kǎ。

⑤ 我帮您算算换成人民币是多少。
wǒ bāng nín suànsuàn huàn chéng rénmínbì shì duōshǎo。

2. 其实我更喜欢果香的。

'其实'는 말하려는 사실임을 강조하고, 앞에 말한 것에 대해 보충이나 수정을 할 때 사용한다.

① 以前我用资生堂，其实现在我用雪花秀。
yǐqián wǒ yòng zīshēngtáng, qíshí xiànzài wǒ yòng xuěhuāxiù。

② 出国游，其实花不了太多钱。
chūguóyóu, qíshí huābùliǎo tài duō qián。

③ 我已经结婚了，其实都有两个孩子了。
wǒ yǐjīng jiéhūn le, qíshí dōu yǒu liǎng ge háizi le。

④ 不限购的话，其实我想多买两瓶。
bú xiàngòu de huà, qíshí wǒ xiǎng duō mǎi liǎng píng。

⑤ 都说中国人很吵，其实是他们的性格豪爽。
dōu shuō zhōngguórén hěn chǎo, qíshí shì tāmen de xìnggé háoshuǎng。

3. 对不起，我先跟她视频一下儿，然后让她自己选。

'先~~~, 然后~~~'는 '먼저~~~하고 난 후, ~~~하다'의 뜻이고 동작의 순서를 나타낸다.

① 我们先上车，然后我再给大家说明日程。
wǒmen xiān shàngchē, ránhòu wǒ zài gěi dàjiā shuōmíng rìchéng。

② 先拿购物卡，然后结帐。
xiān ná gòuwùkǎ, ránhòu jiézhàng。

③ 先做做热身运动，然后再游泳。
xiān zuòzuò rèshēn yùndòng, ránhòu zài yóuyǒng。

④ 先拍集体照，然后大家再自拍。
xiān pāi jítǐzhào, ránhòu dàjiā zài zìpāi。

⑤ 先吃蔬菜沙拉，然后再吃烤肉。
xiān chī shūcài shālā, ránhòu zài chī kǎoròu。

4. 选好了没有?

'~~~了没有?'는 정반의문문 '有没有'의 과거형이고 '~~~了吗?'와 같은 의미을 나타낸다.

① 你弟弟上大学了没有?
nǐ dìdì shàng dàxué leméiyǒu?

② 你们团长回酒店了没有?
nǐmen tuánzhǎng huí jiǔdiàn leméiyǒu?

③ 你们组发表了没有?
nǐmen zǔ fābiǎo leméiyǒu?

④ 你们班放学了没有?
nǐmen bān fàngxué leméiyǒu?

⑤ 跟导游说了没有?
gēn dǎoyóu shuō leméiyǒu?

단어

限购	xiàngòu	구입 제한하다
豪爽	háoshuǎng	호쾌하고 시원스럽다.
热身运动	rèshēnyùndòng	준비운동
集体照	jítǐzhào	단체사진
自拍	zìpāi	셀카
蔬菜	shūcài	야채
沙拉	shālā	샐러드
烤肉	kǎoròu	구운 고기, 불고기

练习

一. 문형 연습

1. 我帮您戴上围巾，镜子在那边儿。
   我帮您再换个大一号的。
   我帮您找了个中文好的售货员。
   我帮您把买的东西整理一下儿。
   我帮您拎一下，您看看怎么样。

2. 别看很薄，其实很暖和。
   看上去很难，其实很容易。
   其实幸福就在我们身边。
   其实我并不聪明，只是很努力。
   其实很多游客是来购物的。

3. 先刷牙然后再洗脸。
   先烧水然后煮面条。
   先坐公交然后换地铁。
   先要有目标，然后再学习。
   先自己看看，然后大家一起说说。

4. 他考试了没有?
孩子们交钱了没有?
你们吃早饭了没有?
爱人早上化妆了没有?
大家互相介绍了没有?

단어

大声	dàshēng	큰 소리
口味	kǒuwèi	기호, 취향
游戏	yóuxì	게임
薄	báo	얇다
暖和	nuǎnhuo	따뜻하다
幸福	xìngfú	행복, 행복하다
身边	shēnbiān	주변
刷牙	shuāyá	이를 닦다
烧水	shāoshuǐ	물을 끓다
煮	zhǔ	끓이다
目标	mùbiāo	목표
交钱	jiāoqián	돈을 내다
互相	hùxiāng	서로

二. 괄호 안에 들어갈 단어를 보기에서 고르세요.

(包 选好 体验装 手机号 视频 哪种 试香 花香 淡香 果香 浓郁)

1. 我上班的时候用，(   )比较好一点儿。

2. 请等一下儿，我帮您(   )。

3. 您喜欢(   )还是(   )?

4. 她的聚会比较多，来(   )一点儿的。

5. 我先跟她(   )一下儿，然后让她自己选。

6. 您(   )了没有?

7. 有35毫升和50毫升两种，您要(   )?

8. 请(   )得漂亮一点儿。

9. 您的(   )是多少?

10. 这是(   )，您拿好。

三. 다음 빈칸을 채우세요.

중국어	중국어 발음과 성조	한국어 뜻
		향수
	yí rén	
花香		
果香		
	gān jú	
		모임
系列		
	shì pín	
		매력
体验装		

四. 다음 한국어 문장을 중국어로 번역해 주세요.

1. 꽃향기를 좋아하십니까? 아니면 과일 향을 좋아하십니까?

2. 은은하면서도 우아합니다. 직장 여성들한테 딱 맞습니다.

3. 사실은 저는 과일 향을 더 좋아합니다.

4. 그녀는 모임이 많으니 짙은 것으로 주세요.

5. 향이 오래 가고 여성의 매력을 극대화할 수 있다.

6. 꽃 향과 과일 향 한 병씩 주세요.

7. 잘 알겠습니다. 포장해 드리겠습니다.

8. 귀국 날짜는 10월8일이 맞습니까?

9. 확인하시고 사인해 주세요.

10. 이것은 체험용입니다. 잘 챙기세요.

第六课

衣服
(의류)

第六课 衣服(의류)

新单词

外套	wàitào	외투
款式	kuǎnshì	스타일, 디자인
褶皱	zhězhòu	구겨지다
打理	dǎlǐ	정리하다
防风	fángfēng	바람을 막다
防水	fángshuǐ	방수하다
透气性	tòuqìxìng	통기성
脏	zāng	더럽다
耐穿	nàichuān	(옷감)질기다
幸亏	xìngkuī	다행히
试衣间	shìyījiān	탈의실
感觉	gǎnjué	느낌, 느끼다
休闲	xiūxián	캐주얼
品位	pǐnwèi	품위
秋季	qiūjì	가을철

流行色	liúxíngsè	유행하는 색조
掉色	diàoshǎi	물이 빠지다.
维持	wéichí	유지하다
光泽	guāngzé	광택, 윤기
色度	sèdù	색도
翻	fān	뒤집다
洗衣粉	xǐyīfěn	가루비누
专用	zhuānyòng	전용
洗衣液	xǐyīyè	액체 세제
装	zhuāng	담다
实在	shízài	참으로, 정말
参加	cānjiā	참여하다

课文

售货员: 您好! 欢迎光临。
nínhǎo! huānyíng guānglín。

售货员: 您想买什么衣服?
nín xiǎng mǎi shénme yīfu?

顾客: 我想买件外套。
wǒ xiǎng mǎi jiàn wàitào。

售货员: 您喜欢什么款式的?
nín xǐhuān shénme kuǎnshì de?

顾客: 不容易褶皱, 好打理的。
bù róngyì zhězhòu, hǎo dǎlǐ de。

售货员: 您看看这件, 非常耐穿, 防风又防水。
nín kànkan zhèjiàn, fēicháng nàichuān, fángfēng yòu fángshuǐ。

顾客: 透气性怎么样?
tòuqìxìng zěnmeyàng?

售货员: 透气性很好, 还不容易脏。
tòuqìxìng hěn hǎo, hái bù róngyì zāng。

售货员: 您穿多大号的? 您穿过我们的品牌吗?
nín chuān duōdà hào de? nín chuānguo wǒmen de pǐnpái ma?

顾客: 我穿过。我穿大号的。
wǒ chuānguo。wǒ chuān dà hào de。

售货员: 请稍等。这是中号的。我给您拿大号的。
xǐng shāoděng。zhè shì zhōnghào de。wǒ gěi nín ná dàhào de。

售货员: 幸亏还有一件。试衣间在那边，您试一下儿。
xìngkuī hái yǒu yí jiàn。shìyījiān zài nàbiān, nín shì yíxiàr。

售货员: 感觉怎么样? 看上去既休闲又有品位。
gǎnjué zěnmeyàng? kànshàngqù jì xiūxián yòu yǒu pǐnwèi。

顾客: 挺好的。但是蓝色是不是太深了?
tǐng hǎo de。dànshì lánsè shìbushì tài shēn le?

售货员: 这个颜色是今年秋季流行色。
zhè ge yánsè shì jīnnián qiūjì liúxíngsè。

顾客: 洗完会不会掉色?
xǐ wán huìbuhuì diàoshǎi?

售货员: 不会的，洗完也能维持光泽和色度。
búhuìde, xǐwán yě néng wéichí guāngzé hé sèdù。

售货员: 还有洗的时候，最好翻过来洗。
háiyǒu xǐ de shíhòu, zuìhǎo fān guòlái xǐ。

顾客: 用什么洗衣粉?
yòng shénme xǐyīfěn?

售货员: 要用外套专用洗衣液。
yào yòng wàitào zhuānyòng xǐyīyè。

售货员: 这是装衣服的，旅行时很方便。
zhè shì zhuāng yīfu de, lǚxíng shí hěn fāngbiàn。

顾客: 不错。就来这件吧。打折吗?
búcuò。jiù lái zhèjiàn ba。dǎzhé ma?

售货员: 实在对不起，这是新款，不参加打折活动。
shízài duìbùqǐ, zhèshì xīnkuǎn, bù cānjiā dǎzhé huódòng。

语法

1. 幸亏还有一件。

'幸亏'는 '다행히, 운 좋게'의 의미를 나타난다. 뒤에 항상 '不然'이나 '才'와같이 쓰인다.

① 幸亏没出去，不然淋雨了。
xìngkuī méi chūqù, bùrán lín yǔ le。

② 幸亏没有断货，不然没卖的了。
xìngkuī méiyǒu duànhuò, bùrán méi mài de le。

③ 幸亏起得早，不然又迟到了。
xìngkuī qǐ de zǎo, bùrán yòu chídào le。

④ 幸亏是淡季，才买到了火车票。
xìngkuī shì dànjì, cái mǎi dào le huǒchēpiào。

⑤ 幸亏有你，才有今天的成就。
xìngkuī yǒu nǐ, cái yǒu jīntiān de chéngjiù。

2. 洗完会不会掉色?

여기서 '完'은 동사 뒤에 결과보어의 역할을 한다. '완성'의 의미를 나타난 다.

① 这学期的报告都写完了。
zhè xuéqī de bàogào dōu xiě wán le。

② 电视剧看完了，你看新闻吧。
diànshìjù kàn wán le, nǐ kàn xīnwén ba。

③ 吃完饭，把碗刷了。
chī wán fàn, bǎ wǎn shuā le。

④ 爸爸做完工作才能回家。
bàba zuò wán gōngzuò cái néng huíjiā。

⑤ 试完的衣服给我就行。
shì wán de yīfu gěi wǒ jiù xíng。

3. 还有洗的时候，最好翻过来洗。

여기서 '过来'은 동사 뒤에 방향보어의 역할을 한다. 동작의 방향을 표시하이거나 정상 상태로 회복함을 나타낸다.

① 挑好的都拿过来结帐。
tiāo hǎo de dōu ná guòlái jiézhàng。

② 你把自行车骑过来。
nǐ bǎ zìxíngchē qí guòlái。

③ 医生把他救过来了。
yīshēng bǎ tā jiù guòlái le。

④ 现在明白过来了。
xiànzài míngbái guòlái le。

⑤ 他终于酒醒过来了。
tā zhōngyú jiǔ xǐng guòlái le。

4. 实在对不起，这是新款，不参加打折活动。

'实在' 동사이나 형용사 앞에 쓰여 '참으로, 정말'의 의미를 나타난다.

① 韩国语我实在没学过。
hánguóyǔ wǒ shízài méi xuéguo。

② 最近我实在太忙了。
zuìjìn wǒ shízài tài máng le。

③ 这样的打折机会实在难得。
zhèyàng de dǎzhé jīhuì shízài nándé。

④ 不行了，我实在太累了。
bùxíngle, wǒ shízài tài lèi le。

⑤ 今年的夏天实在太热了。
jīnnián de xiàtiān shízài tài rè le。

단어

淋	lín	(비를) 맞다.
断货	duànhuò	품절되다
淡季	dànjì	비수기
成就	chéngjiù	성과
刷	shuā	닦다.
救	jiù	구하다
醒	xǐng	(술이나 잠에서) 깨다.
难得	nándé	얻기 어렵다.

练习

一. 문형 연습

1. 幸亏你想出了办法，我们正头疼呢。
   哥哥病了半年多，幸亏李医生治好了。
   幸亏及时赶到，才没误了火车。
   幸亏有警察，不然真出大事儿了。
   幸亏会说一点儿汉语，不然什么也听不懂。

2. 我开完会就回家。
   今天的事儿还没做完。
   妈妈洗完衣服就开始做饭了。
   演唱会的票都卖完了。
   买完了到候机厅等我。

3. 你买过来两杯奶茶吧。
   清醒过来后，她和他分手了。
   我早上醒过来已经九点了。
   声音越来越大，人们聚了过来。
   作业太多了，孩子写不过来。

4. 实在没办法，你帮帮我。
孩子实在淘气，不听老师的话。
实在有困难的话，就放弃吧。
他的女朋友实在太漂亮了。
实在抱歉，这个座位有人。

단어

治	zhì	치료하다
及时	jíshí	제때
赶到	gǎndào	서둘러 도착하다
误	wù	지체하다
警察	jǐngchá	경찰
候机厅	hòujītīng	(공항)대합실
奶茶	nǎichá	밀크 티
清醒	qīngxǐng	정신을 차리다
分手	fēnshǒu	헤어지다
声音	shēngyīn	소리
淘气	táoqì	장난 심하다
放弃	fàngqì	포기하다
抱歉	bàoqiàn	죄송하다
座位	zuòwèi	자리

二. 괄호 안에 들어간 단어를 보기에서 고르세요.

(防水 休闲 打理 流行色 透气性 试衣间 洗衣液 掉色 品位 款式 大号 防风)

1. 您喜欢什么(　　　　)的?

2. 不容易褶皱，好(　　　　)的。

3. 您看看这件，非常耐穿，(　　　　)又(　　　　)。

4. (　　　　)很好，还不容易脏。

5. 我穿过。我穿(　　　　)的。

6. (　　　　)在那边，您试一下儿。

7. 看上去既(　　　　)又有(　　　　)。

8. 这个颜色是今年秋季(　　　　)。

9. 洗完会不会(　　　　)?

10. 要用外套专用(　　　　)。

三. 다음 빈칸을 채우세요.

중국어	중국어 발음과 성조	한국어 뜻
		외투
	dǎ lǐ	
摺皱		
透气性		
	nài chuān	
		다행히
流行色		
	guǎn jué	
		뒤집다
秋季		

四. 다음 한국어 문장을 중국어로 번역해 주세요.

1. 어떤 옷을 보시겠습니까?

2. 잘 안 구겨지고 관리하기가 쉬웠으면 좋겠습니다.

3. 통기성은 아주 좋습니다. 게다가 쉽게 오염되지도 않습니다.

4. 사이즈가 어떻게 됩니까? 전에 우리 브랜드 옷을 입어 보셨나요?

5. 다행히 라지사이즈가 하나 남았습니다.

6. 느낌이 어떻습니까?

7. 이 색깔이 올 가을철 유행색입니다.

8. 세탁해도 광택이 유지되고 색이 선명할 겁니다.

9. 그리고 세탁할 때 뒤집어서 하는 게 좋습니다.

10. 정말 죄송하지만 이것은 신상품이여서 할인 행사에 참여되지 않습니다.

第七课

腕表
(손목시계)

第七课 腕表(손목시계)

新单词

欧米茄	ōumǐjiā	오메가(OMEGA)
腕表	wànbiǎo	손목시계
男式	nánshì	남성용
电池	diànchí	배터리
全自动	quánzìdòng	전자동
海马	hǎimǎ	해마, 바다코끼리
潜水表	qiǎnshuǐbiǎo	잠수시계
表盘	biǎopán	눈금판, 문자판
抛光	pāoguāng	광택을 내다.
陶瓷	táocí	도자기
珐琅	fǎláng	법랑
夜光	yèguāng	야광
刻度	kèdù	눈금
涂层	túcéng	도료를 칠한 층
日历窗	rìlìchuāng	캘린더 윈도우

外观	wàiguān	외관
平衡	pínghéng	균형
表背	biǎobèi	시계 뒤면
至臻	zhìzhēn	가장 좋고 완벽하다.
天文台	tiānwéntái	천문대
机芯	jīxīn	시계 무브먼트
精确	jīngquè	정확하다
防磁	fángcí	자석 방지
排	pái	배출하다
氦	hài	헬륨
阀门	fámén	밸브
表链	biǎoliàn	시계 줄
精钢	jīnggāng	메탈
表壳	biǎoké	케이스
戴	dài	차용하다
感觉	gǎnjué	느낌
调	tiáo	조절하다
维修	wéixiū	수리하다
保修期	bǎoxiūqī	보증기간
没错	méicuò	틀림없다

课文

售货员: 欢迎光临我们欧米茄卖场，您想买腕表吗?
huānyíng guānglín wǒmen ōumǐjiā màichǎng, nín xiǎng mǎi wànbiǎo ma?

顾客: 我想买块男式腕表。
wǒ xiǎng mǎi kuài nánshì wànbiǎo。

售货员: 请到这边儿来看看。
qǐng dào zhè biānr lái kànkan。

顾客: 最好不用换电池，太麻烦了。
zuìhǎo búyòng huàn diànchí, tài máfán le。

售货员: 那您看看这款全自动的。
nà nín kànkan zhè kuǎn quánzìdòngde。

顾客: 这个防水吗?
zhè ge fáng shuǐ ma?

售货员: 这是欧米茄海马系列300米潜水表。
zhè shì ōumǐjiā hǎimǎ xìliè sānbǎimǐ qiǎnshuǐbiǎo。

顾客: 表盘是什么做的?
biǎopán shì shénme zuò de?

售货员: 表盘是抛光陶瓷的，深蓝色，上面有白色的珐琅。
biǎopán shì pāoguāng táocí de, shēnlánsè, shàngmiàn yǒu báisè de fǎláng。

顾客: 是夜光的吗?
shì yèguāng de ma?

售货员: 您看表盘的小时刻度，有夜光涂层。
nín kàn biǎopán de xiǎoshí kèdù, yǒu yèguāng túcéng。

顾客: 日历窗在六点钟位置啊?
rìlì chuāng zài liù diǎn zhōng wèizhì a?

售货员: 这样外观显得更平衡。
zhèyàng wàiguān xiǎnde gèng pínghéng。

顾客: 让我看看表背。
ràng wǒ kànkan biǎobèi。

售货员: 这个表背是透明的。
zhège biǎobèi shì tòumíng de。

顾客: 这是什么?
zhè shì shénme?

售货员: 这是8800至臻天文台机芯，它精确，防磁。
zhè shì bābālínglíng zhìzhēn tiānwéntái jīxīn, tā jīngquè, fángcí。

顾客: 这个呢?
zhè ge ne?

售货员: 这是排氦气阀门。在水中可以排出氦气。
zhè shì pái hàiqì fámén。zài shuǐ zhōng kěyǐ páichū hàiqì。

顾客: 这个表链是什么的?
zhè ge biǎoliàn shì shénme de?

售货员: 精钢表链，精钢表壳。
jīnggāng biǎoliàn, jīnggāng biǎoké。

顾客: 我可以戴上试试吗?
wǒ kěyǐ dàishàng shìshi ma?

售货员: 当然可以，我帮您戴上。
dāngrán kěyǐ, wǒ bāng nín dài shàng。

售货员: 感觉怎么样？我觉得很适合您。
gǎnjué zěnmeyàng? wǒ juéde hěn shìhé nín。

顾客: 不错，就是表链有点儿长。
búcuò, jiùshì biǎolián yǒudiǎnr cháng。

售货员: 小问题，我帮您调调就行了。
xiǎo wèntí, wǒ bāng nín tiáotiáo jiù xíng le。

顾客: 售后服务怎么办？
shòu hòu fúwù zěnmebàn?

售货员: 保修期五年。
bǎo xiū qī wǔ nián。

顾客: 五年？
wǔnián?

售货员: 没错，从2018年7月1日起，所有腕表提供五年售后服务保证。
méicuò, cóng èrlíngyībā nián qī yuè yī rì qǐ, suǒyǒu wànbiǎo tígōng wǔnián shòuhòu fúwù bǎozhèng。

语法

1. 最好不用换电池，太麻烦了。

'不用'은 '~할 필요가 없다'의 의미로 쓰인다.

① 我们都是老朋友了，不用这么客气。
wǒmen dōu shì lǎo péngyǒu le, búyòng zhème kèqì。

② 不用着急，离起飞还有一个半小时。
búyòng zháojí, lí qǐfēi hái yǒu yí ge bàn xiǎoshí。

③ 不用买太多东西，我们拿不了。
bú yòng mǎi tài duō dōngxi, wǒmen ná bù liǎo。

또한, '不用'은 '사용하지 않다'의 의미로도 쓰인다.

① 家里不用的东西，整理整理吧!
jiālǐ búyòng de dōngxi, zhěnglǐzhěnglǐ ba!

② 我们不用了，别人可能有用，放到网上卖卖。
wǒmen búyòng le, biérén kěnéng yǒu yòng, fàng dào wǎngshàng màimài。

③ 大家都在用网银，现金早就不用了。
dàjiā dōu zài yòng wǎngyín, xiànjīn zǎo jiù búyòng le。

2. 表盘是什么做的?

'是~~~的'은 일어났던 일들의 시간, 장소, 방식, 인물, 목적 등을 강조할 때 쓰인다.

① 我是十年前来韩国的。
wǒ shì shí nián qián lái hánguó de。

② 生日聚会是在大酒店办的。
shēngrì jùhuì shì zài dàjiǔdiàn bàn de。

③ 你是坐飞机去上海的?
nǐ shì zuò fēijī qù shànghǎi de?

④ 这是姐姐第一次发工资时买的。
zhè shì jiějie dìyícì fā gōngzī shí mǎi de。

⑤ 我们是去北京出差的。
wǒmen shì qù běijīng chūchāi de。

3. 这个呢?

'呢'는 의문대명사가 있는 의문문 문장 끝에 쓰여 부드러운 말투를 나타낸다.

① 今天吃什么呢?
jīntiān chī shénme ne?

② 您想住几天呢?
nín xiǎng zhù jǐ tiān ne?

③ 大家喝什么饮料呢?
dàjiā hē shénme yǐnliào ne?

또한, '呢'는 명사이나 대명사 뒤에 쓰여 의문문을 만들다.

① 你吃午饭了吗?
nǐ chī wǔfàn le ma?

我吃了，你呢?(你吃午饭了吗?)
wǒ chī le, nǐ ne?

② 这个防水，那个呢?(那个防水吗?)
zhège fángshuǐ, nàge ne?

③ 我去图书馆，你呢?(你去图书馆吗?)
wǒ qù túshūguǎn, nǐ ne?

4. 我可以戴上试试吗?

'可以'는 '~해도 되다', '~해도 좋다'의 의미를 나타난다. 상대방의 허락을 받을 때 쓰인다.

① 样子不错，我可以试试吗?
yàngzi búcuò, wǒ kěyǐ shìshì ma?

② 这儿可以抽烟吗?
zhèr kěyǐ chōuyān ma?

③ 出境时，可以买多少钱东西?
chūjìng shí, kěyǐ mǎi duōshǎo qián dōngxi?

또한, '可以'는 '~할 수 있다', '가능하다'의 의미를 나타나기도 한다.

① 别担心，你在机场可以退税。
bié dānxīn, nǐ zài jīchǎng kěyǐ tuìshuì。

② 这个房间可以住四个人。
zhè ge fángjiān kěyǐ zhù sì ge rén。

③ 对不起，我不会说汉语，你可以问问中文导购。
duìbuqǐ, wǒ búhuì shuō hànyǔ, nǐ kěyǐ wènwèn zhōngwén dǎogòu。

단어

整理	zhěnglǐ	정리하다
网银	wǎngyín	인터넷 뱅크
出差	chūchāi	출장하다
出境	chūjìng	국경을 떠나다.

练习

一. 문형 연습

1. 不用太伤心，人都有失误的时候。
   明天只有两节课，不用带那么多书。
   这些小事儿，不用告诉老师。
   学习要主动，不用别人督促。
   她上课的时候不用教材。

2. 我的包儿是爱人送的。
   毕业照是在学校里照的。
   飞机是谁发明的？
   这是妈妈去中国前买的。
   学生们是去体验生活的。

3. 说吧，我听着呢。
   时间还早呢。
   你干什么呢？
   我要的幸福呢？
   大家支持谁呢？

4. 你可以走了。

学生们可以回家了。

大家可以互相讨论一下儿。

用心去学，可以学会的。

你可以一边学习一边工作。

단어

失误	shīwù	실수를 하다.
督促	dūcù	재촉하다
照	zhào	사진을 찍다
毕业照	bìyèzhào	졸업사진
发明	fāmíng	발명하다
体验	tǐyàn	체험하다
支持	zhīchí	지지하다
讨论	tǎolùn	토론하다
用心	yòngxīn	심혈을 기울이다.

二. 괄호 안에 들어갈 단어를 보기에서 고르세요.

(表盘 全自动 表背面 售后服务 防水 表链 夜光 块 换电池 戴)

1. 我想买(   )男式腕表。

2. 最好不用(   )，太麻烦了。

3. 那您看看这款(   )的。

4. 这个(   )吗?

5. (   )是什么做的?

6. 是(   )的吗?

7. 让我看看(   )。

8. 这个(   )是什么的?

9. 我可以(   )上试试吗?

10. (   )怎么办?

三. 다음 빈칸을 채우세요.

중국어	중국어 발음과 성조	한국어 뜻
		손목시계
	diàn cí	
潜水表		
夜光		
	quán zì dòng	
		메탈
日历窗		
	jīng què	
		차용하다
天文台		

四. 다음 한국어 문장을 중국어로 번역해 주세요.

1. 배터리를 교체할 필요가 없는 게 제일 좋습니다. 너무 귀찮습니다.

2. 이 전자동 스타일 한 번 보세요.

3. 눈금판의 눈금을 한 번 보세요. 야광 도료를 칠했습니다.

4. 캘린더 윈도우는 6시 위치에 있습니까?

5. 이 시계 뒷면은 투명합니다.

6. 메탈 시계 줄과 메탈 시계 케이스입니다.

7. 당연히 할 수 있습니다. 제가 착용하는 것을 도와드리겠습니다.

8. 느낌이 어떻습니까? 제가 볼 때 아주 잘 어울립니다.

9. 문제가 안 됩니다. 제가 조절해 드리겠습니다.

10. 보증기간은 5년입니다.

第八课

首饰

(주얼리)

第八课 首饰(주얼리)

新单词

生日礼物	shēngrìlǐwù	생일 선물
选	xuǎn	고르다, 선택하다
18k	shíbā kèi	18k
耳环	ěrhuán	귀걸이
小巧精致	xiǎoqiǎojīngzhì	작고 정교하다
时髦	shímáo	유행하다
项链	xiàngliàn	목걸이
电视剧	diànshìjù	드라마
女主角	nǚzhǔjué	여자 주인공
网上	wǎngshàng	인터넷 상으로
链子	liànzi	줄이
彩金	cǎijīn	핑크 골드
坠子	zuìzi	팬던트
克拉	kèlā	캐럿
宝石	bǎoshí	보석

高贵大方	gāoguìdàfāng	고귀하고 우아하다.
结婚	jiéhūn	결혼하다
负担	fùdān	부담, 부담스럽다
情侣	qínglǚ	커플
戒指	jièzhǐ	반지
选择	xuǎnzé	선택, 선택하다
镶	xiāng	박다
仿真	fǎngzhēn	진짜 같은
鉆石	zhuànshí	다이아몬드
硬度	yìngdù	경도
专家	zhuānjiā	전문가
辨认	biànrèn	변별하다
指环	zhǐhuán	반지(링)
部分	bùfèn	부분
镀金	dùjīn	도금
变色	biànsè	색깔이 변하다.
白金	báijīn	백금
放心	fàngxīn	안심하다. 마음을 놓다.
购买	gòumǎi	구매하다

课文

售货员：欢迎光临我们卖场，您想买什么？
huānyíng guānglín wǒmen màichǎng, nín xiǎng mǎi shénme?

顾客：我想给女朋友买生日礼物。
wǒ xiǎng gěi nǚpéngyǒu mǎi shēngrì lǐwù。

售货员：那我帮您选选吧。
nà wǒ bāng nín xuǎnxuǎn ba。

顾客：那麻烦您了。
nà máfán nín le。

售货员：您看看这款18k金的耳环怎么样？
nín kànkan zhè kuǎn shí bā kèi jīn de ěrhuán zěnmeyàng?

小巧精致，年轻的女孩子都很喜欢。
xiǎoqiǎojīngzhì, niánqīng de nǚháizi dōu hěn xǐhuān。

顾客：这个样子我觉得不太好，有没有时髦点儿的项链？
zhège yàngzi wǒ juéde bútài hǎo, yǒuméiyǒu shímáo diǎnr de xiàngliàn?

售货员：那您再看看这款，是电视剧女主角戴过的。
nà nín zài kànkan zhè kuǎn, shì diànshìjù nǚzhǔjué dàiguo de。

顾客：对，我在网上看见过。
duì, wǒ zài wǎngshàng kànjiànguo。

售货员：链子是彩金的，坠子是零点三克拉的宝石，高贵大方。
liànzi shì cǎijīn de, zuìzi shì líng diǎn sān kèlā de bǎoshí, gāoguìdàfāng。

顾客: 我还没结婚，送宝石有负担。
wǒ hái méi jiéhūn, sòng bǎoshí yǒu fùdān。

售货员: 那么这个情侣戒指应该是不错的选择。
nàme zhège qínglǚjièzhǐ yīnggāi shì búcuò de xuǎnzé。

售货员: 您女朋友也一定会很喜欢的。
nín nǚpéngyǒu yě yídìng huì hěn xǐhuān de。

顾客: 那我就听您的吧!
nà wǒ jiù tīng nín de ba!

顾客: 挺好的，这个上边镶的是什么?
tǐnghǎode, zhège shàngbiān xiāng de shì shénme?

售货员: 这是仿真鉆石，硬度很高，连专家都很难辨认。
zhè shì fǎngzhēn zhuànshí, yìngdù hěn gāo, lián zhuānjiā dōu hěn nán biànrèn。

顾客: 那指环部分是镀金的吗? 会不会变色?
nà zhǐhuán bùfèn shì dùjīn de ma? huìbuhuì biànsè?

售货员: 不是，是白金的。不会的。
búshì, shì báijīn de。bú huì de。

售货员: 您可以放心购买，有保证书。
nín kěyǐ fàngxīn gòumǎi, yǒu bǎozhèngshū。

顾客: 那就要这个，给我包得漂亮一点儿。
nà jiù yào zhège, gěi wǒ bāo de piàoliàng yìdiǎnr。

语法

1. 我还没结婚，送宝石有负担。

'还没', 또는 '还没有'는 '아직 ~하지 않았다'의 의미를 나타난다.

① 我还没用过韩国化妆品，不知效果怎么样。
wǒ háiméi yòng guo hánguó huàzhuāngpǐn, bù zhī xiàoguǒ zěnmeyàng。

② 我们还没去过济州岛。听说风景很美。
wǒmen háiméi qù guo jìzhōudǎo, tīngshuō fēngjǐng hěn měi。

③ 大家还没吃早饭，快饿死了。
dàjiā hái méi chī zǎofàn, kuài è sǐ le。

④ 导游还没来，请大家稍等一下儿。
dǎoyóu hái méi lái, qǐng dàjiā shāo děng yíxiàr。

⑤ 还没退税的人，请跟我来。
hái méi tuìshuì de rén, qǐng gēn wǒ lái。

2. 您女朋友也一定会很喜欢的。

'会~的', '~가능성이 있다'의 의미를 나타난다. 과거와 미래 다 사용할 수 있다. '的' 종종 생략하기도 한다.

① 去国外旅游，一定会有很多不便的。
qù guówài lǚyóu, yídìng huì yǒu hěn duō búbiàn de。

② 天天贴，皮肤会好的。
tiāntiān tiē, pífū huì hǎo de。

③ 海关会检查每一个人的。
hǎiguān huì jiǎnchá měi yí ge rén de。

④ 他们会同意你的想法的。
tāmen huì tóngyì nǐ de xiǎngfǎ de。

⑤ 明天的太阳会照样升起的。
míngtiān de tàiyáng huì zhàoyàng shēngqǐ de。

3. 那我就听您的吧!

'听', 은 '듣다'의 의미 외에도 '의견, 건의, 권고, 충고를 받아들이다, 따르다'의 의미를 나타난다.

① 家里小事儿听老婆的，大事儿听我的。
jiālǐ xiǎoshìr tīng lǎopo de, dàshìr tīng wǒ de。

② 做决定的时候，多听听别人的意见。
zuò juédìng de shíhòu, duō tīngtīng biérén de yìjiàn。

③ 我听妈妈的，妈妈听儿子的。
wǒ tīng māma de, māma tīng érzi de。

④ 在学校听老师的，在家听父母的。
zài xuéxiào tīng lǎoshī de, zài jiā tīng fùmǔ de。

⑤ 孩子们都听您的话，您就管管吧。
háizimen dōu tīng nín de huà, nín jiù guǎnguǎn ba!

4. 这是仿真鉆石，硬度很高，连专家都很难辨认。

'连~都', '심지어~하다, ~조차도~하다'의 의미를 나타난다.

① 她连价都没问，就都买回来了。
tā lián jià dōu méi wèn, jiù dōu mǎi huílái le。

② 手术做得很成功，连妈妈都没看出来。
shǒushù zuò de hěn chénggōng, lián māma dōu méi kàn chūlái。

③ 连韩国人都不知道，外国人怎么能知道。
lián hánguórén dōu bù zhīdào, wàiguórén zěnme néng zhīdào。

④ 连手机都坏了，我真不知道怎么办才好。
lián shǒujī dōu huàile, wǒ zhēn bù zhīdào zěnme bàn cáihǎo。

⑤ 连飞机都没坐过，还说什么大话!
lián fēijī dōu méi zuòguo, hái shuō shénme dàhuà!

단어

检查	jiǎnchá	검사하다
照样	zhàoyàng	그대로
升起	shēngqǐ	떠오르다
决定	juédìng	결정하다
管	guǎn	관리하다
手术	shǒushù	수술

练习

一. 문형 연습

1. 运动会的日期，还没决定。
   上课铃响了，老师还没来。
   他的身体还没完全康复。
   北方的三月，草还没发芽。
   我还没想好，是找工作还是去留学。

2. 别担心，今天不会下雨的。
   有困难，大家都会理解的。
   人们的生活会越来越方便的。
   网购和外卖会看到很多的。
   这次考试一定会通过的。

3. 从来不听我的想法。
   家里人和老师的话他都不听。
   孩子听了您的建议，开始学汉语了。
   上次听了你的，这次听我的。
   听听大家有没有好主意。

4. 她还太小，连吃饭穿衣都要妈妈帮忙。

连演唱会的票都弄到了。

爸爸抽烟，连卫生间都有烟味儿。

连厨师都吃不出来是什么。

连下雨天，下雪天都不迟到。

단어

铃	líng	벨
响	xiǎng	울리다
康复	kāngfù	건강을 회복하다
草	cǎo	풀
发芽	fāyá	싹이 트다.
困难	kùnnán	어려움
理解	lǐjiě	이해하다
网购	wǎnggòu	인터넷 쇼핑
外卖	wàimài	배달
烟味儿	yānwèir	담배 냄새
厨师	chúshī	요리사

二. 괄호 안에 들어간 단어를 보기에서 고르세요.

(选选 负担 镶 女主角 镀金 小巧精致 保证书 网上 生日礼物 情侣戒指)

1. 我想给女朋友买(　　　　)。

2. 那我帮您(　　　　)吧。

3. (　　　　)，年轻的女孩子都很喜欢。

4. 那您再看看这款，是电视剧(　　　　)戴过的。

5. 对，我在(　　　　)看见过。

6. 我还没结婚，送宝石有(　　　　)。

7. 那么这个(　　　　)应该是不错的选择。

8. 挺好的，这个上边(　　　　)的是什么？

9. 那指环部分是(　　　　)的吗？会不会变色？

10. 您可以放心购买，有(　　　　)。

三. 다음 빈칸을 채우세요.

중국어	중국어 발음과 성조	한국어 뜻
		생일 선물
	ěr huán	
小巧精致		
彩金		
	xiàng liàn	
		여자 주인공
高贵大方		
	bǎo shí	
		커플링
变色		

四. 다음 한국어 문장을 중국어로 번역해 주세요.

1. 그럼 고르는 것을 도와드리겠습니다.

2. 이 스타일의 18K 귀걸이가 어떻습니까?

3. 이 스타일이 저는 별로입니다. 좀 유행하는 목걸이는 없나요?

4. 그럼 이 디자인 한 번 보세요. 드라마 여주인공이 착용했던 제품입니다.

5. 줄은 핑크 골드이고, 팬던트는 0.3 다이아몬드입니다. 세련되고 우아합니다.

6. 여자 친구도 반드시 좋아할 겁니다.

7. 당신의 의견을 따르겠습니다.

8. 괜찮네요. 위에 박힌 것이 뭡니까?

9. 이것은 진짜 같은 다이아처럼 만든 모조품인데, 경도가 높아서 전문가 조차도 변별하기가 어렵습니다.

10. 마음 놓고 구매하셔도 됩니다. 보증서가 다 있습니다.

第九课

红参
(홍삼)

第九课 红参(홍삼)

新单词

正官庄	zhèngguānzhuāng	정관장
红参	hóngshēn	홍삼
种类	zhǒnglèi	종류
红参膏	hóngshēn gāo	홍삼정옥고
红参膏丸	hóngshēn gāowán	홍삼정환
红参茶	hóngshēn chá	홍삼차
红参精	hóngshēn jīng	홍삼정
沏泡	qīpào	(차를) 우리다
饮品	yǐnpǐn	음료
蜂蜜	fēngmì	벌꿀
切片	qiēpiàn	절편
红参胶囊	hóngshēn jiāonáng	홍삼캡슐
浓缩液	nóngsuōyè	농축액
饮料	yǐnliào	음료
怎么	zěnme	왜, 어떻게

服用	fúyòng	복용하다
空腹	kōngfù	공복
冲水	chōngshuǐ	물 타다.
坚持	jiānchí	유지하다, 고집하다
减缓	jiǎnhuǎn	완화하다
疲劳	píláo	피로
增强	zēngqiáng	강화하다
免疫力	miǎnyìlì	면역력
补品	bǔpǐn	건강 보조 식품
儿童	értóng	아동
专用	zhuānyòng	전용
口服液	kǒufúyè	마시는 약액
红参糖	hóngshēntáng	홍삼 사탕

课文

售货员: 欢迎光临正官庄，您想买点儿什么？
huānyíng guānglín zhèngguānzhuāng, nín xiǎng mǎi diǎnr shénme?

顾客: 我想买点儿红参。
wǒ xiǎng mǎi diǎnr hóngshēn。

售货员: 您第一次来吧？
nín dìyící lái ba?

顾客: 对，都有什么产品呢？
duì, dōu yǒu shénme chǎnpǐn ne?

售货员: 种类很多，有红参膏、红参膏丸、红参茶和红参精沏泡饮品，还有红参蜂蜜切片和红参胶囊，另外还有红参浓缩液饮料等等。
zhǒnglèi hěn duō, yǒu hóngshēn gāo、hóngshēn gāowán、hóngshēnchá hé hóngshēn jīng qīpào yǐnpǐn, háiyǒu hóngshēn fēngmì qiēpiàn hé hóngshēn jiāonáng, lìngwài háiyǒu hóngshēn nóngsuōyè yǐnliào děngděng。

顾客: 太多了，哪种产品好呢？
tàiduōle, nǎ zhǒng chǎnpǐn hǎo ne?

售货员: 中国人都很喜欢红参浓缩液和红参茶。
zhōngguórén dōu hěn xǐhuān hóngshēn nóngsuōyè hé hóngshēnchá。

顾客: 中国人喝茶就是日常生活。
zhōngguórén hēchá jiùshì rìchángshēnghuó。

顾客: 浓缩液怎么服用?
nóngsuōyè zěnme fúyòng?

售货员: 早晚各一次，空腹喝。
zǎowǎn gè yícì, kōngfù hē。

售货员: 您再看看红参精沏泡饮品，冲水喝也很不错。
nín zài kànkan hóngshēnjīng qīpào yǐnpǐn, cōngshuǐ hē yě hěn búcuò。

顾客: 对身体有什么好处呢?
duì shēntǐ yǒu shénme hǎochù ne?

售货员: 坚持服用，减缓疲劳，而且能增强免疫力。
jiānchí fúyòng, jiǎnhuǎnpíláo, érqiě néng zēngqiáng miǎnyìlì。

顾客: 那好，一样来两盒。
nà hǎo, yí yàng lái liǎng hé。

售货员: 一盒里有50包，一共100包。
yì hé lǐ yǒu wǔshí bāo, yígòng yìbǎi bāo。

顾客: 有没有孩子吃的红参补品?
yǒu méiyǒu háizi chī de hóngshēn bǔpǐn?

售货员: 请问，您的孩子多大?
qǐngwèn, nín de háizi duōdà?

顾客: 八岁，小学一年级。
bāsuì, xiǎoxué yīnián jī。

售货员: 有儿童专用口服液，很受欢迎。
yǒu értóng zhuānyòng kǒufúyè, hěn shòu huānyíng。

顾客: 多给我来几盒。
duō gěi wǒ lái jǐ hé。

售货员: 这是红参糖，您尝尝。现在买一赠一。
zhè shì hóngshēn táng, nín chángcháng。xiànzài mǎiyīzèngyī。

顾客: 不错，这些都要了。
búcuò, zhèxiē dōu yào le。

售货员: 请到这边儿结帐。
qǐng dào zhèbiānr jiézhàng。

语法

1. 另外还有红参浓缩液饮料等等。

'等等'은 조사로 쓰여 '기타, 등등, 따위'의 의미를 나타낸다.

① 附近吃饭的地方很多，有韩国饭店，中国饭店，日本饭店等等。
fùjìn chīfàn de dìngfāng hěn duō, yǒu hánguó fàndiàn, zhōngguó fàndiàn, rìběn fàndiàn děngděng。

② 你可以多运动运动，像瑜伽，游泳，跑步，跳舞等等。
nǐ kěyǐ duō yùndòng yùndòng, xiàng yújiā, yóuyǒng,pǎobù, tiàowǔ děngděng。

③ 他特别喜欢中国画儿，收藏的有山水画儿，人物画儿等等。
tā tèbié xǐhuān zhōngguóhuàr, shōucáng de yǒu shānshuǐ huàr, rénwù huàr děngděng。

④ 补习班教很多，学习做菜，插花儿等等。
bǔxíbān jiāo hěn duō, xuéxí zuòcài, chāhuār děngděng。

⑤ 这是化妆前用的隔离霜，粉底，BB霜，CC霜等等。
zhè shì huàzhuāng qián yòng de gélíshuāng, fěndǐ, bìbìshuāng, xīxīshuāng děngděng。

2. 浓缩液早晚各一次，空腹吃。

'各'는 부사로 쓰여 '각자, 각기, 저마다'의 의미를 나타낸다.

① 各卖场的职员都经过了岗前培训。
gè màichǎng de zhíyuán dōu jīngguò le gǎngqiánpéixùn。

② 别一起结帐，我们各付各的。
bié yìqǐ jiézhàng, wǒmen gè fù gè de。

③ 她的男朋友各方面都很优秀。
tā de nán péngyǒu gè fāngmiàn dōu hěn yōuxiù。

‘各’는 대명사로 쓰여 ‘각, 여러, 갖가지’의 의미를 나타낸다.

① 免税店里有各种各样的商品。
miǎnshuìdiàn lǐ yǒu gè zhǒng gè yàng de shāngpǐn。

② 去国外旅游，可以感受各种不一样的文化。
qù guówài lǚyóu, kěyǐ gǎnshòu gèzhǒng bù yíyàng de wénhuà。

③ 在韩国你也能吃到各种炒菜。
zài hánguó nǐ yě néng chī dào gèzhǒng chǎocài。

3. 坚持服用，强身健体，而且能增强免疫力。

‘而且’은 접속사로 쓰여, ‘게다가, 뿐만 아니라, 또한’의 의미를 나타낸다. 앞에 ‘不但’이나 ‘不仅’과 같이 쓰인다.

① 这次不但没花钱，而且还挣钱了。
zhècì búdàn méi huāqián, érqiě hái zhèngqián le。

② 不但可以购物，而且能旅游。
búdàn kěyǐ gòuwù, érqiě néng lǚyóu。

③ 不仅会说英语，而且会说汉语。
bùjǐn huì shuō yīngyǔ, érqiě huì shuō hànyǔ。

④ 不仅孩子们喜欢，而且大人们也很高兴。
bùjǐn háizimen xǐhuān, érqiě dàrénmen yě hěn gāoxìng。

⑤ 外面刮风，而且下雨了，飞机能正常起飞吗?
wàimiàn guāfēng, érqiě xiàyǔ le, fēijī néng zhèngcháng qǐfēi ma?

4. 现在买一赠一。

'买一赠一'은 하나 사면, 하나 더 준다. 즉, '원 플러스 원'의 중국식 표현이다. '买一送一'라고도 한다.

① 不少商店都用 '买一赠一'的促销方法。
bùshăo shāngdiàn dōu yòng 'măi yī zèng yī' de cùxiāo fāngfă。

② 家庭主妇们都喜欢'买一赠一'。
jiātíngzhŭfùmen dōu xĭhuān 'măi yī zèng yī'。

③ '买一送一', 不太适合一个人生活的人。
'măi yī sòng yī', bú tài shìhé yíge rén shēnghuó de rén。

④ '买一赠一'的广告, 到处可见。
'măi yī zèng yī' de guănggào, dàochù kĕ jiàn。

⑤ 周末购物, 好好利用'买一送一'。
zhōumò gòuwù, hăohăo lìyòng 'măi yī sòng yī'。

단어

瑜伽	yújiā	요가
跑步	păobù	달리기
收藏	shōucáng	수장하다
插花儿	chāhuār	꽃을 꽂다.
岗前培训	găngqiánpéixùn	인턴교육
挣钱	zhèngqián	돈을 벌다.
促销	cùxiāo	판매를 촉진시키다.
家庭主妇	jiātíngzhŭfù	가정주부
到处	dàochù	여기저기
利用	lìyòng	이용하다

练习

一. 문형 연습

1. 想健康，要注意饮食和生活习惯等等。
   活动有多种，比如观览民俗村，做泡菜等等。
   两国的政治，经济，文化等等都不同。
   看电视，电影等等都可以学外语。
   春天很美，三月的杜鹃花儿，四月的樱花等等。

2. 中国地大物博，各地的风俗都不一样。
   我们班每个人各有各的爱好。
   他们早已同床异梦，各有各的打算。
   人们以各种方式迎接新年。
   社科院人才济济，有各种各样的专家。

3. 这里不但风景美，而且民风也淳朴。
   小说的内容不但生动，而且有趣。
   减肥不仅要少吃，而且还要多运动。
   这种新药，不仅见效快，而且药效持久。
   不但质量好，而且品种齐全。

4. 我喜欢半价，不喜欢买一赠一。
今天买一赠一，不要错过机会。
买一赠一有时侯是一种浪费。
除了买一送一，还有买大送小。
买一送一真的便宜吗？

단어

比如	bǐrú	예컨대
观览	guānlǎn	관람하다
民俗村	mínsúcūn	민속촌
杜鹃花儿	dùjuānhuār	진달래
同床异梦	tóngchuángyìmèng	동상이몽
地大物博	dìdàwùbó	땅이 넓고 생산물이 풍부하다.
迎接	yíngjiē	맞이하다
社科院	shèkēyuàn	사회과학원
人才济济	réncáijìjì	인재가 차고 넘치다.
专家	zhuānjiā	전문가
淳朴	chúnpǔ	순박하다
品种齐全	pǐnzhǒngqíquán	종류가 완비되다
错过	cuòguò	놓치다.

二. 괄호 안에 들어간 단어를 보기에서 고르세요.

(免疫力 补品 不错 买一赠一 浓缩液 疲劳 冲水 产品 空腹 好处 儿童专用)

1. 太多了，哪种(　　　　)好呢?

2. 中国人都很喜欢红参(　　　　)和红参茶。

3. 早晚各一次，(　　　　)喝。

4. 您再看看红参精沏泡饮品，(　　　　)喝也很不错。

5. 对身体有什么(　　　　)呢?

6. 坚持服用，减缓(　　　　)，而且能增强(　　　　)。

7. 有没有孩子吃的红参(　　　　)?

8. 有(　　　　)口服液，很受欢迎。

9. 这是红参糖，您尝尝。现在(　　　　)。

10. (　　　　)，这些都要了。

三. 다음 빈칸을 채우세요.

중국어	중국어 발음과 성조	한국어 뜻
		홍삼
	zhǒng lèi	
正官庄		
沏泡		
	qiē piàn	
		농축액
饮料		
	kōng fù	
		피로
坚持		

四. 다음 한국어 문장을 중국어로 번역해 주세요.

1. 홍삼제품을 좀 사고 싶습니다.

2. 제품은 무엇이 있습니까?

3. 중국 사람들은 차를 마시는 것이 일상입니다.

4. 농축액은 어떻게 복용을 해야 합니까?

5. 홍삼정 우려먹는 것도 한 번 보세요.

6. 꾸준히 복용하시면 피로 회복뿐만 아니라 면역력도 증진됩니다.

7. 한 갑에 50포씩 들어있습니다. 모두 100포입니다.

8. 아이가 먹을 만한 홍삼제품은 없습니까?

9. 아동 전용 물약 같은 것이 있습니다.

10. 좀 많이 주세요.

第十课

电饭锅
(전기밥솥)

第十课 电饭锅(전기밥솥)

新单词

新型	xīnxíng	새 모델
功能	gōngnéng	기능
外形	wàixíng	외형
真酷	zhēnkù	멋있다
滑动	huádòng	슬라이드
触摸屏	chùmōpíng	터치화면
语音提示	yǔyīntíshì	음성지원
蒸饭	zhēngfàn	밥을 짓다
熬粥	áozhōu	죽을 끓이다
煲汤	bàotāng	국을 끓이다
炖菜	dùncài	찌개 끓이다
大米饭	dàmǐfàn	흰쌀밥
糙米饭	cāomǐfàn	현미밥
黑米饭	hēimǐfàn	흑미밥
八宝饭	bābǎofàn	영양밥

糯米饭	nuòmǐfàn	찹쌀밥
高火力	gāohuǒlì	고화력
大气压	dàqìyā	강력한 압력
熟	shú	익다
夹生	jiáshēng	밥이 설익다
绝对	juéduì	절대로
双重高压	shuāngcónggāoyā	이중 압력
密封圈	mìfēng quān	패킹 고무
香软可口	xiāngruǎnkěkǒu	부드럽고 구수하다.
保温	bǎowēn	보온
保温瓶	bǎowēnpíng	보온병
原理	yuánlǐ	원리
内胆	nèidǎn	내부 솥
外壳	wàiké	외부
费电	fèidiàn	전기를 낭비하다
节能产品	jiénéngchǎnpǐn	에너지 절약제품
分离	fēnlí	분리하다
内盖	nèigài	속뚜껑
技术	jìshù	기술
清洗	qīngxǐ	깨끗이 씻다
方便	fāngbiàn	편리하다
厨房	chúfáng	주방
好帮手	hǎobāngshǒu	훌륭한 도우미

课文

售货员: 请进里边儿看一下儿。
qǐng jìn lǐbiānr kàn yíxiàr。

售货员: 这是最新型的，功能很全。
zhè shì zuì xīnxíng de, gōngnéng hěn quán。

顾客: 哇！外形真酷。这是什么？
wā! wàixíng zhēn kù, zhè shì shénme?

售货员: 这是滑动触摸屏，您看看，还有语音提示。
zhè shì huádòng chùmōpíng, nín kànkan, háiyǒu yǔyīn tíshì。

售货员: 蒸饭、熬粥、煲汤、炖菜样样行。
zhēngfàn, áozhōu, bàotāng, dùncài yàngyàngxíng。

顾客: 电饭锅嘛！其实还是用来做饭的时候多。
diànfànguō ma! qíshí háishì yònglái zuòfàn de shíhòu duō。

售货员: 那更不是问题了。
nà gèng búshì wèntí le。

售货员: 您看，大米饭、糙米饭、黑米饭、八宝饭、糯米饭都行。
nínkàn, dàmǐfàn, cāomǐfàn, hēimǐfàn, bābǎofàn, nuòmǐfàn dōu xíng。

顾客: 做饭的时间长吗？
zuòfàn de shíjiān cháng ma?

售货员: 它是高火力，大气压，大米饭最快20分钟就熟。
tā shì gāohuǒlì, dàqìyā, dàmǐfàn zuìkuài èrshífēnzhōng jiù shú。

顾客: 时间短，饭会不会夹生?
shíjiān duǎn, fàn huì buhuì jiáshēng?

售货员: 绝对不会，这是双重高压密封圈，做出的饭香软可口。
juéduì búhuì, zhèshì shuāngcóng gāoyā mìfēng quān, zuò chū de fàn xiāngruǎnkěkǒu。

顾客: 保温效果怎么样?
bǎowēn xiàoguǒ zěnmeyàng?

售货员: 那更不用说了，它和保温瓶是一样的原理。
nà gèng búyòng shuō le, tā hé bǎowēnpíng shì yíyàng de yuánlǐ。

售货员: 您看，这是不锈钢内胆和外壳。
nínkàn, zhè shì búxiùgāng nèidǎn hé wàiké。

顾客: 费不费电?
fèibufèi diàn?

售货员: 您不用担心，这是节能产品。
nín búyòng dānxīn, zhè shì jiénéng chǎnpǐn。

顾客: 天天做饭，脏了怎么办?
tiāntiān zuò fàn, zāng le zěnmebàn?

售货员: 它采用了不锈钢分离内盖技术，清洗很方便，而且它有自动清洗功能。
tā cǎiyòng le búxiùgāng fēnlí nèigài jìshù, qīngxǐ hěnfāngbiàn, érqiě tā yǒu zìdòng qīngxǐ gōngnéng。

售货员: 放心吧! 没那么容易脏。
fàngxīn ba! méi nàme róngyì zāng。

顾客: 真是厨房的好帮手啊!
zhēn shì chúfáng de hǎobāngshǒu a!

语法

1. 蒸饭、熬粥、煲汤、炖菜样样行。

'样样行'은 '갖가지 좋다, 모든 면에서 잘하다'의 의미를 나타낸다.

① 他学习，运动，社团活动样样行。
tā xuéxí, yùndòng, shètuánhuódòng yàngyàngxíng。

② 你真有福气，爱人工作，家务样样行。
nǐ zhēn yǒu fúqì, àirén gōngzuò, jiāwù yàngyàngxíng。

③ 就选她吧，唱歌，跳舞样样行。
jiù xuǎn tā ba, chànggē, tiàowǔ yàngyàngxíng。

④ 应该满足了，孩子怎么能样样行?
yīnggāi mǎnzú le, háizi zěnme néng yàngyàngxíng?

⑤ 从小努力，想做个样样行的人。
cóng xiǎo nǔlì, xiǎng zuò ge yàngyàngxíng de rén。

2. 那更不用说了，它和保温瓶是一样的原理。

'更不用说'은 '더 말할 나위 없다'의 의미를 나타낸다.

① 信用卡已经很方便了，更不用说支付宝了。
xìnyòngkǎ yǐjīng hěn fāngbiàn le, gèng búyòng shuō zhīfùbǎo le。

② 他法语和德语都很棒，更不用说英语了。
tā fǎyǔ hé déyǔ dōu hěn bàng, gèng búyòng shuō yīngyǔ le。

③ 超市里有各种蔬菜水果，更不用说菜市场了。
chāoshì lǐ yǒu gèzhǒng shūcài shuǐguǒ, gèng búyòng shuō càishìchǎng le。

④ 他的物理和化学都是满分，更不用说数学了。
tā de wùlǐ hé huàxué dōu shì mǎnfēn, gèng búyòng shuō shùxué le。

⑤ 五月份已经30度了，更不用说七、八月份了。
wǔ yuè fèn yǐjīng sānshí dù le, gèng búyòng shuō qī、bā yuè fèn le。

3. 放心吧！没那么容易脏。

'没那么'는 '그렇게~하지 않다'의 의미를 나타낸다.

① 这手链儿看起来没那么时尚。
zhè shǒuliànr kànqǐlái méinàme shíshàng。

② 脚链儿没那么多人戴。
jiǎoliànr méinàme duō rén dài。

③ 他的发音没那么准确。
tā de fāyīn méinàme zhǔnquè。

④ 这件事儿没那么严重。
zhè jiàn shìr méinàme yánzhòng。

⑤ 今天还可以，没那么累。
jīntiān hái kěyǐ, méinàme lèi。

4. 真是厨房的好帮手啊！

'好帮手'은 '훌륭한 도우미'의 의미를 나타낸다.

① 电脑是我们学习工作的好帮手。
diànnǎo shì wǒmen xuéxí gōngzuò de hǎo bāngshǒu。

② 放假的时候，我是妈妈做家务的好帮手。
fàngjià de shíhòu, wǒ shì māma zuò jiāwù de hǎo bāngshǒu。

③ 过年过节，儿媳妇都是我的好帮手。
guò nián guò jié, érxífù dōu shì wǒ de hǎo bāngshǒu。

④ 她已经工作两年了，可以成为您的好帮手。
tā yǐjīng gōngzuò liǎng nián le, kěyǐ chéngwéi nín de hǎo bāngshǒu。

⑤ 装修房子，一定要找一个好帮手。
zhuāngxiū fángzi, yídìng yào zhǎo yíge hǎo bāngshǒu。

단어

社团	shètuán	동아리
活动	huódòng	활동
福气	fúqì	복, 행운
满足	mǎnzú	만족하다
物理	wùlǐ	물리
化学	huàxué	화학
满分	mǎnfēn	만점
手链	shǒuliànr	팔찌
脚链	jiǎoliànr	발찌
儿媳妇	érxífù	며느리
装修	zhuāngxiū	인테리어

练习

一. 문형 연습

1. 他天文地理样样行。
   她琴棋书画样样行。
   她爱人做饭，炒菜样样行。
   他音乐，体育样样行。
   希望儿子以后样样行。

2. 电扇都没有，更不用说空调了。
   汽车都买了，更不用说冰箱了。
   鲍鱼都会做，更不用说猪肉了。
   名字都没听说过，更不用说认识了。
   北京的冬天这么冷，更不用说哈尔滨了。

3. 外国没那么好。
   孩子没那么不听话，不懂事。
   高铁没那么多人，真舒服。
   最近没那么胖，减肥了。
   樱花儿开得没那么长时间。

4. 词典是学习的好帮手。

厨房家电是做菜的好帮手。

智能手机是生活的好帮手。

你现在不是需要钱，而是好帮手。

他一定是个好帮手。

단어

天文地理	tiānwéndìlǐ	천문지리
琴棋书画	qínqíshūhuà	거문고를 타고 바둑을 두며, 글씨를 쓰며, 그림을 그리는 문인의 고상한 취미
电扇	diànshàn	선풍기
冰箱	bīngxiāng	냉장고
鲍鱼	bàoyú	전복
猪肉	zhūròu	돼지고기
樱花	yīnghuā	벚꽃
厨房家电	chúfángjiādiàn	주방 가전

二. 괄호 안에 들어간 단어를 보기에서 고르세요.

(大气压 样样行 高火力 保温 外形 节能 夹生 脏了 功能 里边儿 语音)

1. 请进(　　　　)看一下儿。

2. 这是最新型的，(　　　　)很全。

3. 哇！(　　　　)真酷。

4. 您看看，还有(　　　　)提示。

5. 蒸饭、熬粥、煲汤、炖菜(　　　　)。

6. 它是(　　　　)，(　　　　)，大米饭最快20分钟就熟。

7. 时间短，饭会不会(　　　　)？

8. (　　　　)效果怎么样？

9. 您不用担心，这是(　　　　)产品。

10. 天天做饭，(　　　　)怎么办？

三. 다음 빈칸을 채우세요.

중국어	중국어 발음과 성조	한국어 뜻
		새 모델
	zēng fàn	
语音提示		
双重高压		
	fèi diàn	
		터치 화면
密封圈		
	jié néng	
		속 뚜껑
香软可口		

四. 다음 한국어 문장을 중국어로 번역해 주세요.

1. 안으로 들어오셔서 구경하세요.

2. 이것은 최신 모델이고 기능이 아주 좋습니다.

3. 밥도 짓도, 죽 국, 찌개도 끓이고, 모두 됩니다.

4. 흰쌀 밥, 현미밥, 흑미밥, 약밥, 찹쌀밥 모두 됩니다.

5. 밥을 짓는데 시간이 많이 걸립니까?

6. 이 밥솥은 고화력에 압력도 강해서 20분이면 흰쌀밥이 완성됩니다.

7. 이것은 이중 압력 패킹입니다. 밥을 아주 부드럽고 맛있게 짓습니다.

8. 내부 솥과 외부 모두 스텐으로 되어 있습니다.

9. 이것은 에너지 절약제품입니다.

10. 스텐 기술을 활용해서 만들었고 게다가 자동세척 기능도 있습니다.

第十一课

退换商品
(환불처리)

第十一课 退换商品(환불처리)

新单词

喂	wéi	여보세요(전화용어)
客服	kèfú	고객센터
来得及	láidejí	늦지 않다. 제 시간에 댈 수 있다.
提货	tíhuò	물건을 인수하다.
航班	hángbān	(배, 비행기) 운행표
韩亚	hányà	아시아나
航空	hángkōng	항공
飞	fēi	비행하다
转	zhuǎn	돌리다(전화). 전하다
查	chá	찾아보다
自动	zìdòng	자동
取消	qǔxiāo	취소하다
退款	tuìkuǎn	환불하다
记录	jìlù	기록. 기록하다
银行卡	yínhángkǎ	은행카드

有的	yǒude	어떤 것
需要	xūyào	필요하다
左右	zuǒyòu	가량
代购	dàigòu	대리 구입
替	tì	대신하다
保管	bǎoguǎn	보관하다
航班号	hángbānhào	항공편 번호
之前	zhīqián	~의 전에

课文

顾客: 喂，您好！是乐天免税店客服吗？
wéi, nínhǎo! shì lètiān miǎnshuìdiàn kèfú ma?

客服人员: 对，您有什么问题吗？
duì, nín yǒu shénme wèntí ma?

顾客: 我今天买的包儿，没来得及提货。
wǒ jīntiān mǎide bāor, méi láidejí tíhuò。

客服人员: 别着急，请告诉我您的姓名和航班。
bié zháojí, qǐng gàosù wǒ nín de xìngmíng hé hángbān。

顾客: 我叫李红，今天上午九点十分韩亚航空，首而飞北京。
wǒ jiào lǐhóng, jīntiān shàngwǔ jiǔdiǎnshífēn hányà hángkōng, Shǒu'ěr fēi Běijīng。

客服人员: 请稍等，我给您转卖场。
qǐng shāoděng, wǒ gěi nín zhuǎn màichǎng。

售货员: 您好！我已经查过了。您买的包儿在机场领取处。
nínhǎo! wǒ yǐjīng cháguo le。nín mǎi de bāor zài jīchǎng lǐngqǔchù。

顾客: 那怎么办？我已经回国了。
nà zěnmebàn? wǒ yǐjīng huíguó le。

售货员: 没关系，您没领取，会自动取消的。
méiguānxì, nín méi lǐngqǔ, huì zìdòng qǔxiāo de。

顾客: 退款吗？
tuìkuǎn ma?

售货员: 对，有记录。会退款的。
duì, yǒu jìlù。huì tuìkuǎn de。

售货员: 银行卡取消的时间不太一样。有的需要7天左右，有的需要10天左右。
yínhángkǎ qǔxiāo de shíjiān bútài yíyàng。yǒude xūyào qītiān zuǒyòu, yǒude xūyào shítiān zuǒyòu。

顾客: 我不想退，我想下次提货。
wǒ bù xiǎng tuì, wǒ xiǎng xiàcì tíhuò。

售货员: 您最近还来韩国吗?
nín zuìjìn hái lái hánguó ma?

顾客: 对，我是代购，每个月都去。
duì, wǒ shì dàigòu, měi ge yuè dōu qù。

售货员: 那就没问题了。我们会替您保管。
nà jiù méiwèntí le。wǒmen huì tì nín bǎoguǎn。

顾客: 真是太谢谢了。
zhēn shì tài xièxiè le。

售货员: 没事儿，到时候告诉我们您的出境日期和航班号。
méishìr, dàoshíhòu gàosù wǒmen nín de chūjìngrìqī hé hángbānhào。

顾客: 好的，我去之前给您打电话。
hǎo de, wǒ qù zhīqián gěi nín dǎdiànhuà。

售货员: 知道了，不用担心。下次见。
zhīdàole, búyòng dānxīn。xiàcì jiàn。

语法

1. 我今天买的包儿，没来得及提货。

'来得及'는 '제 시간에 댈 수 있다'의 의미를 나타낸다. 부정은 '没来得及'과 '来不及'으로 표현할 수 있다.

① 现在一年级，努力还来得及。
xiànzài yīniánjī, nǔlì hái láidejí。

② 现在预订怎么来得及呢?
xiànzài yùdìng zěnme hái láidejí ne?

③ 对不起，我还没来得及看。
duìbuqǐ, wǒ hái méi láidejí kàn。

④ 我走得太早，没来得及打招呼。
wǒ zǒu de tài zǎo, méi láidejí dǎzhāohu。

⑤ 来不及了，还有十分钟火车就开了。
láibují le, háiyǒu shífēnzhōng huǒchē jiù kāi le。

2. 您好! 我已经查过了。

'已经~了'는 '이미, 벌써'의 의미를 나타낸다.

① 人已经走光了，别等了。
rén yǐjīng zǒu guāng le, bié děng le。

② 已经十二点了，快睡觉吧!
yǐjīng shíèr diǎn le, kuài shuìjiào ba!

③ 对不起，已经卖没了。
duìbuqǐ, yǐjīng mài méi le。

④ 一眨眼，十年已经过去了。
yì zhǎyǎn, shí nián yǐjīng guòqù le,

⑤ 在学术上，他已经很有名了。
zài xuéshù shàng, tā yǐjīng hěn yǒumíng le,

3. 有的需要7天左右，有的需要10天左右。

'有的~, 有的~.'은 '어떤 것, 어떤 사람'의 의미를 나타낸다. 대명사로 사용된다.

① 休息时间，有的睡觉，有的玩儿手机。
xiūxī shíjiān, yǒude shuìjiào, yǒude wánr shǒujī。

② 我们班同学，有的喜欢唱歌，有的喜欢跳舞。
wǒmen bān tóngxué, yǒude xǐhuān chànggē, yǒude xǐhuān tiàowǔ。

③ 中国客人，有的喝茶，有的喝咖啡。
zhōngguó kèrén, yǒude hē chá, yǒude hē kāfēi。

④ 这儿的商品，有的打折，有的不打折。
zhè de shāngpǐn, yǒude dǎzhé, yǒude bù dǎzhé。

⑤ 这个意见，有的赞成，有的反对。
zhè ge yìjiàn, yǒude zànchéng, yǒude fǎnduì。

4. 到时候告诉我们您的出境日期和航班号。

'到时候~'은 '그때 가서~한다.'의 의미를 나타낸다.

① 您放心，到时候第一个告诉你。
nín fàngxīn, dàoshíhòu dìyíge gàosù nǐ。

② 好好儿准备，到时候才不会手忙脚乱。
hǎohǎor zhǔnbèi, dàoshíhòu cái búhuì shǒumángjiǎoluàn。

③ 别着急，到时候我陪你一起去。
bié zháojí, dàoshíhòu wǒ péi nǐ yìqǐ qù。

④ 还没想好，到时候再说吧。
hái méi xiǎng hǎo, dàoshíhòu zài shuō ba。

⑤ 这是个好机会，到时候一定学好口语。
zhè shì ge hǎo jīhuì, dàoshíhòu yídìng xué hǎo kǒuyǔ。

단어

打招呼	dǎzhāohu	인사하다
一眨眼	yìzhǎyǎn	눈 깜짝할 사이
学术	xuéshù	학술
赞成	zànchéng	찬성하다
反对	fǎnduì	반대하다
手忙脚乱	shǒumángjiǎoluàn	허둥지둥하다

练习

一. 문형 연습

1. 你马上去还来得及。
   现在复习，来得及吗?
   我还没来得及问是怎么回事。
   他还没来得及脱外套。
   来不及吃饭了，给我杯牛奶。

2. 他已经知道了，你实话实说吧。
   听说中国足球队已经出线了。
   上课时间已经到了，坐好吧!
   中韩两国建交已经快三十年了。
   中国的航天技术已经达到了很高的水平。

3. 汉字有的简单，有的非常难。
   有的半开，有的全开，美极了。
   下雨了，有的打伞，有的穿雨衣。
   人生是一本书，有的精彩，有的平庸。
   人的性格，有的急，有的慢。

4. 运动会的衣服，到时候给大家。

京剧，到时候唱给你听。

大家注意了，到时候要听老师的。

孩子还小，到时候再搬家也不晚。

放假，到时候一起旅游吧！

단어

怎么回事	zěnmehuíshì	어떻게 된 것이다
脱	tuō	벗다
实话实说	shíhuàshíshuō	사실대로 말하다.
建交	jiànjiāo	국교를 맺다.
出线	chūxiàn	진출이 확정되다
航天	hángtiān	우주 항공
达到	dádào	도달하다
精彩	jīngcǎi	훌륭하다
平庸	píngyōng	평범하다

二. 괄호 안에 들어갈 단어를 보기에서 고르세요.

(自动取消 最近 姓名 保管 来得及 领取处 担心 转 航班 客服 银行卡)

1. 喂，您好！是乐天免税店(　　　　)吗？

2. 我今天买的包儿，没(　　　　)提货。

3. 别着急，请告诉我您的(　　　　)和(　　　　)。

4. 请稍等，我给您(　　　　)卖场。

5. 您买的包儿在机场(　　　　)。

6. 没关系，您没领取，会(　　　　)的。

7. (　　　　)取消的时间不太一样。

8. 您(　　　　)还来韩国吗？

9. 那就没问题了。我们会替您(　　　　)。

10. 知道了，不用(　　　　)。下次见。

三. 다음 빈칸을 채우세요.

중국어	중국어 발음과 성조	한국어 뜻
		고객센터
	lái de jí	
转		
查		
	tí huò	
		은행카드
记录		
	bǎo guǎn	
		대리구매
替		

四. 다음 한국어 문장을 중국어로 번역해 주세요.

1. 롯데면세점 고객센터 맞습니까?

2. 맞습니다. 무슨 문제가 있으십니까?

3. 오늘 구매한 가방을 시간이 없어서 못 찾아왔습니다.

4. 오늘 오전 9시10분 아시아나항공 서울 출발 베이징 도착 비행기입니다.

5. 네, 기록이 있습니다. 환불되실 겁니다.

6. 은행카드 취소하는 시간이 조금씩 다릅니다.

7. 저는 환불을 원치 않습니다. 다음에 갈 때 수령하려고 합니다.

8. 손님 조만간 한국에 다시 오십니까?

9. 우리가 대신에 보관하고 있겠습니다.

10. 그때에 저희에게 손님의 출국 날짜와 항공편 알려주시면 됩니다.

第十二课

售货结束

(판매 마무리)

第十二课 售货结束(판매 마무리)

新单词

注册	zhùcè	등록하다
手册	shǒucè	수첩
清楚	qīngchǔ	분명하다. 또렷하다
内容	nèiróng	내용
填写	tiánxiě	기입하다. 써넣다
表格	biǎogé	표
成功	chénggōng	성공. 성공하다.
超过	chāoguò	초과하다
休息室	xiūxīshì	휴게실
对面	duìmiàn	맞은편
扶梯	fútī	에스컬레이터
标志牌	biāozhìpái	표시판
中央	zhōngyāng	중앙. 가운데
热情	rèqíng	친절하다.열정적이다
周到	zhōudào	꼼꼼하다. 빈틈이 없다.
惠顾	huìgù	왕림하다
旅途	lǚtú	여정. 여행 도중

课文

售货员: 顾客，挑好的东西要结帐吗？
gùkè, tiāo hǎo de dōngxī yào jiézhàng ma?

顾客: 对。麻烦您。
duì。máfán nín。

售货员: 请出示您的护照和登记牌。
qǐng chūshì nín de hùzhào hé dēngjīpái。

顾客: 在这儿。
zài zhèr。

售货员: 今天您结帐的金额是五百二十美元。
jīntiān nín jiézhàng de jīn'é shì wǔ bǎi èr shí měiyuán。

顾客: 五百二十美元换算多少人民币？
wǔ bǎi èr shí měiyuán huànsuàn duōshǎo rénmínbì?

售货员: 现在汇率是一美元换六块七毛九。五百二十美元换人民币三千五百三十左右。怎么给您结帐？
xiànzài huìlǜ shì yì měiyuán huàn liù kuài qī máo jiǔ。wǔ bǎièr shí měiyuán huàn rénmínbì sān qiān wǔ bǎi sān shí zuǒyòu。zěnme gěi nín jiézhàng?

顾客: 用这张卡。
yòng zhè zhāng kǎ。

售货员: 好。知道了。您是我们品牌的会员吗？
hǎo。zhīdàole。nín shì wǒmen pǐnpái de huìyuán ma?

顾客: 不，不是会员。会员有优惠吗？
bù, búshì huìyuán。huìyuán yǒu yōuhuì ma?

售货员: 当然。注册会员的话，今天购买的商品可以打九五折。
dāngrán。zhùcè huìyuán de huà, jīntiān gòumǎi de shāngpǐn kěyǐ dǎ jiǔwǔ zhé。

这是手册，会员优惠上面写得很清楚。
zhèshì shǒucè, huìyuán yōuhuì shàngmiàn xiě de hěn qīngchǔ。

顾客: 我比较喜欢这个品牌，还没注册会员。现在注册可以吗？
wǒ bǐjiào xǐhuān zhè ge pǐnpái, hái méi zhùcè huìyuán。xiànzài zhùcè kěyǐma?

售货员: 是，当场就可以。这儿的内容确认后，请填写表格。
shì, dāngchǎng jiù kěyǐ。zhèr de nèiróng quèrèn hòu, qǐng tiánxiě biǎogé。

顾客: 好的。请稍等。
hǎode。qǐng shāoděng。

售货员: 您注册成功。今天购买的商品可以打九五折。请签名。
nín zhùcè chénggōng。jīntiān gòumǎi de shāngpǐn kěyǐ dǎ jiǔwǔ zhé。qǐng qiānmíng。

顾客: 好，知道了。
hǎo。zhīdàole。

售货员: 顾客，这是您的卡和东西。还有这是今天购物超过五百美元的赠品。
gùkè, zhèshì nín de kǎ hé dōngxī。háiyǒu zhè shì jīntiān gòuwù chāoguò wǔ bǎi měiyuán de zèngpǐn。

顾客: 啊，太漂亮了。谢谢。能告诉我免税店的客服在哪儿吗？
ā, tài piàoliàng le。xièxiè。néng gàosù wǒ miǎnshuìdiàn de kèfú zài nǎr ma?

还有，这儿有没有顾客休息室？
háiyǒu, zhèr yǒuméiyǒu gùkè xiūxīshì?

售货员: 当然。我们现在在五层。我们卖场对面的扶梯，往下一层，四层就有客服。能看到很大的标志牌。
dāngrán。wǒmen xiànzài zài wǔ céng。wǒmen màichǎng duìmiàn de fútī, wǎng xià yì céng, sì céng jiù yǒu kèfú。néng kàndào hěn dà de biāozhìpái。

四层的中央是客服，顾客休息室就在客服的旁边。
sì céng de zhōngyāng shì kèfú。gùkèxiūxīshì jiù zài kèfú de pángbiān。

顾客: 啊，多谢了。
ā, duō xiè le。

售货员: 没有别的事儿了吗?
méiyǒu bié de shìr le ma?

顾客: 没有了。谢谢您这么热情周到。
méiyǒule。xièxiè nín zhème rèqíngzhōudào。

售货员: 您太客气了。谢谢您光临我们卖场。请多多惠顾。
nín tài kèqì le。xièxiè nín guānglín wǒmen màichǎng。qǐng duōduō huìgù。

祝您旅途愉快。请慢走。
zhù nín lǚtú yúkuài。qǐng màn zǒu。

顾客: 谢谢，再见。
xièxiè, zàijiàn。

语法

1. 怎么给您结帐?

'怎么'은 '어떻게'의 의미를 나타낸다. 방식, 방법에 대해 묻는 표현이다.

① 去明洞，怎么走?
qù míngdòng, zěnme zǒu?

② 这个汉字，怎么读?
zhè ge hànzì, zěnme dú?

③ 事情很复杂，怎么处理?
shìqíng hěn fùzá, zěnme chǔlǐ?

'怎么'은 '왜'의 의미를 나타내기도 한다. 이유를 대해 묻는 표현이다.

① 你怎么没来听讲座?
nǐ zěnme méilái tīng jiǎngzuò?

② 他怎么又迟到了?
tā zěnme yòu chídào le?

③ 怎么喝了这么多酒?
zěnme hē le zhème duō jiǔ?

2. 能告诉我免税店的客服在哪儿吗?

여기서 '哪儿'는 의문 대명사이다. '吗'는 의문을 나타내는 어기 조사이다. 때로는 이처럼 의문 대명사과 어기조사 같이 쓰는 경우도 있다.

① 你知道她叫什么名字吗?
nǐ zhīdào tā jiào shénme míngzì ma?

② 他能教我怎么做中国菜吗?
tā néng jiāo wǒ zěnme zuò zhōngguó cài ma?

③ 你看到孩子去哪儿了吗?
nǐ kàn dào háizi qù nǎr le ma?

④ 你能吃多少包子呢?
nǐ néng chī duōshǎo bāozi ne?

⑤ 你觉得什么时候去好呢?
nǐ juéde shénmeshíhòu qù hǎo ne?

3. 顾客休息室就在客服的旁边。

'A+在+B+방위사'의 형식으로 위치를 설명할 때 많이 쓰인다.

① 图书馆在邮局东边。
túshūguǎn zài yóujú dōngbiān。

② 孩子在爸爸妈妈中间。
háizi zài bàba māma zhōngjiān。

③ 书在书桌上边。
shū zài shūzhuō shàngbiān。

④ 我家在市中心南边。
wǒ jiā zài shì zhōngxīn nánbiān。

⑤ 袜子在床下边。
wàzi zài chuáng xiàbiān。

4. 祝您旅途愉快。

'祝'는 '기원하다. ~하기를 바란다.'의 의미를 나타낸다.

① 祝您一路顺风。
zhù nín yílùshùnfēng。

② 祝您生日快乐。
zhù nín shēngrìkuàilè

③ 祝您幸福安康。
zhù nín xìngfúānkāng。

④ 祝您万事如意。
zhù nín wànshìrúyì。

⑤ 祝您新年快乐。
zhù nín xīnniánkuàilè。

단어

复杂	fùzá	복잡하다
处理	chǔlǐ	처리하다
讲座	jiǎngzuò	강좌
一路顺风	yílùshùnfēng	기시는 길이 순조롭길 빕니다.
幸福安康	xìngfúānkāng	행복하고 건강하길 빕니다.
万事如意	wànshìrúyì	모든 일이 잘 이루어질 빕니다.
新年快乐	xīnniánkuàilè	새해 복 많이 받으세요.

练习

一. 문형 연습

1. 他心里怎么想的?

   自己都不行，怎么要求别人?

   这个APP怎么用?

   你怎么一个人吃饭?

   他怎么不跟你说话?

2. 你知道她有什么秘密吗?

   他能教我怎么说汉语吗?

   你想好去哪儿玩儿了吗?

   你能换多少美元呢?

   我该坐几点的飞机呢?

3. 别人在我前边。

   银行在对面。

   闹钟在窗台上边。

   眼镜在桌子上边。

   食堂在教室下边。

4. 祝你身体健康。

祝您晚年幸福。

祝您财源广进。

祝您新婚快乐。

祝你早生贵子。

단어

秘密	mìmì	비밀
闹钟	nàozhōng	자명종
窗台	chuāngtái	창턱
财源广进	cáiyuánguǎngjìn	부자 되세요.
新婚快乐	xīnhūnkuàilè	결혼을 축하합니다.
早生贵子	zǎoshēngguìzǐ	빨리 득남하세요.

二. 괄호 안에 들어간 단어를 보기에서 고르세요.

(打 挑 填写 休息室 清楚 标志牌 客服 结帐 会员 换算)

1. (　　　　)好的东西要结帐吗?

2. 五百二十美元(　　　　)多少人民币?

3. 怎么给您(　　　　)?

4. 您是我们品牌的(　　　　)吗?

5. 会员优惠上面写得很(　　　　)。

6. 这儿的内容确认后，请(　　　　)表格。

7. 今天购买的商品可以(　　　　)九五折。

8. 能告诉我免税店的(　　　　)在哪儿吗?

9. 这儿有没有顾客(　　　　)?

10. 能看到很大的(　　　　)。

三. 다음 빈칸을 채우세요.

중국어	중국어 발음과 성조	한국어 뜻
		등록하다
	qīng chǔ	
内容		
填写		
	biǎo gé	
		맞은 편
休息室		
	fú tī	
		표시판
旅途		

四. 다음 한국어 문장을 중국어로 번역해 주세요.

1. 손님, 구입하신 제품의 결제 도와드릴까요?

2. 현재 환율을 적용하면 1달러에 6.79위안입니다.

3. 결재는 어떻게 하시겠습니까?

4. 저희 브랜드 회원이신가요?

5. 회원이면 혜택이 있나요?

6. 회원으로 등록하시면 오늘 구입 제품부터 바로 5% 회원 할인이 적용 됩니다.

7. 혹시 이 면세점에 안내센타는 어디에 있나요?

8. 고객이 쉴 수 있는 휴게실이 있습니까?

9. 더 필요한 사항은 없으십니까?

10. 앞으로도 저희 제품을 많이 애용해주시기 바랍니다.

본문 해석

제1과 면세판매서비스의 이해

〈회화 1〉

교육매니저: 여러분 안녕하십니까?

저희 면세점에 신입사원으로 입사하게 되신 것을 축하드립니다.

저는 여러분이 업무배치 전에 면세전반에 대한 교육을 담당하게 된 매니저입니다.

오늘은 여러분께서 중국관광객을 응대할 때에 면세상품에 대해 무엇을 어떻게 파악하고 알아야 하는지를 배우는 시간을 갖도록 하겠습니다.

첫째, 여러분은 각자 배치가 되는 매장의 해당 브랜드 상품에 대한 기본적인 구성을 알아야 합니다.

둘째, 브랜드 상품의 장점과 기능, 그리고 효용성을 파악을 해야 합니다.

셋째, 브랜드 상품의 특성을 분석하고 다른 경쟁 브랜드 상품과 비교할 수 있어야 합니다.

이러한 내용을 바탕으로 면세점에 방문한 중국관광객을 응대하여 상품판매 서비스를 진행하는 과정에서 발생될 수 있는 다양한 상황에 대해 철저하게 준비하여야 합니다.

지금부터 저희 면세점에서 중국관광객들이 가장 선호하는 대표브랜드인 ○○○브랜드와 ***브랜드 대표 상품에 대한 구성과 브랜드 특징에 대해서 함께 배우겠습니다.

〈회화 2〉

교육매니저: 여러분께서 손님을 맞이할 때 우선, 손님께서 찾으시는 상품에 대한 지식을 반드시 갖추셔야 합니다.

브랜드와 상품에 대한 지식뿐만 아니라 디자인의 차이에 대해 반드시 알아야 합니다.

최근 면세점을 방문하는 중국 손님들은 소비 트랜드의 변화가 빠르고, 이미 브랜드의 이름보다는 실속 있는 합리적인 구매로의 변화되고 있습니다.

그리고 중국 손님들이 면세점에 방문하기 전에 이미 면세 제품에 대한 사전 지식을 많이 알고 오는 경우도 있습니다. 따라서 손님들이 알고 찾으시는 제품에 대한 특징을 정확히 알아야 합니다. 또한 선호하는 제품의 특징과 유사하고 가격에 대비하여 기능이 좋은 제품을 추천할 수 있어야 합니다.

그러기 위해서는 제품에 대한 지식은 기본이고, 거기에 중국 관광객의 소비패턴에 대해서도 관심을 가져야 합니다.

두 번째로 우리는 손님들을 대하는 기본 자세와 서비스 마인드를 제공하기 위해서 항상 노력해야 합니다. 그리고 손님이 면세점에 들어와서 나갈 때까지의 전 과정에서 가장 최상의 서비스를 제공하여 만족을 드려야 합니다.

우리나라는 전 세계 면세산업에서 1위의 면세 강대국입니다.

따라서 여러분은 모두 우리나라를 방문하는 외국관광객에게 면세분야의 민간외교관으로서의 역할을 하고 있다는 자부심을 가져야 합니다.

여러분 모두가 각자의 업장에서 가장 프로다운 판매서비스를 제공하실 수 있도록 꾸준히 노력하시길 부탁드리겠습니다.

이제 각자 배정된 업장으로 가셔서 판매서비스에 대한 실전을 교육받도록 하겠습니다.

제2과 면세상품의 디스플레이

〈회화 1〉

판매원: 환영합니다. 무엇을 도와드릴까요?

손님: 와~ 저기 쇼윈도우의 디스플레이가 너무 멋있네요.

판매원: 네. 감사합니다.

손님: 쇼윈도우 전체에 나비와 꽃과 함께 어우러져서 디스플레이가 되어있어서 벌써 봄이 온 것 같아요.
이 앞에서 사진 한 장 찍어도 되겠지요?

판매원: 물론이지요. 제가 찍어드릴게요. 좀 더 앞쪽으로 나오시면 좋겠네요.
하나, 둘, 셋. 네~ 되었습니다.

손님: 아, 감사합니다.
이번 디스플레이는 봄의 향기가 느껴지는 컨셉인가봐요. 곧 봄이 올 것 같은 기분이 들어 참 좋네요.

판매원: 네. 맞습니다. 저희는 항상 새로운 상품을 선보이게 되니 계절을 앞서가는 디스플레이를 하게 됩니다. 아직 날씨는 춥지만, 저희 브랜드는 임봄이 시작되었어요.

손님: 네, 저도 여기에 오니 봄을 준비해야 할 것 같은 마음이 들어요. 저 앞에 진열되어 있는 원피스 색깔이 너무 화사하네요. 그런데 저한테 어울릴지 모르겠어요.

판매원: 손님께서는 피부톤이 하얗고, 이지적인 분위기세요. 디스플레이 되어있는 제품이 화사한 색상에 깔끔한 디자인이니 굉장히 잘 어울리실 것 같네요. 한번 입어보세요.

손님: 네. 그럼 한번 입어볼게요.

판매원: 와~ 너무 아름다우세요. 손님께서 화사한 원피스를 너무 소화 잘하시네요. 봄이 소윈도우에만 온 것이 아니라 매장 전체에 화사한 봄기운이 넘치네요.

손님: 저기 원피스 위에 걸쳐져 있는 가디건도 한번 꺼내봐 주시겠어요?

판매원: 물론이지요. 잠시만 기다려주세요.

〈회화 2〉

판매원: 손님께서 직접 착용하시니 쇼윈도우에 진열된 것 보다 훨씬 더 화사하고 잘 어울리네요.

손님: 음… 길이도 색상도 마음에 드네요.

판매원: 너무 예쁘세요. 이 원피스가 이제 막 출시된 신상품인데 나오자마자 인기가 많아요. 이 가디건과 함께 코디하니 훨씬 세련되어 보여요.

손님: 그러네요. 디자인도 깔끔하고, 감촉도 좋네요.

판매원: 여기에 디스플레이 되어 있는 스카프를 같이 연출하면 더욱 멋진 패션을 연출하실 수 있습니다.

손님: 저 스카프도 한번 둘러볼게요.

판매원: 잠시만 기다리세요. 손님, 여기에 있습니다. 이것을 가디건 위에 살짝 둘러보세요. 어떠세요? 넘 예쁘지요?

손님: 아, 정말 분위기가 더 살아나네요. 가격은 할인이 되나요?

판매원: 저희가 현재 이월상품은 25% 할인판매를 진행하고 있습니다. 손님께서 고르신 제품은 신상품이여서 할인이 적용되지 않습니다.

손님: 그럼 다른 혜택을 없나요?

판매원: 저희가 현재 300달러 이상 구매시 사은품을 드리는 혜택이 있습니다. 이 두 제품과 스카프까지 같이 구매하시게 되면, 추가 특별 사은품을 받으실 수 있어요.

손님: 제가 디스플레이 되어 있는 제품으로 다 골랐네요.
가장 인기 많은 신상품인거지요?

판매원: 손님께서 안목이 높으셔서 가장 인기 있는 신상품을 고르셨어요. 가격은 조금 비싸지만, 손님과 너무 잘 어울려서 만족하실 겁니다.

손님: 네. 알겠습니다. 다 같이 구매할게요.

판매원: 감사합니다. 저 오른편에 진열되어 있는 할인 제품들도 한번 둘러봐 주세요. 이번 주까지 할인하는 제품으로 사이즈 맞으시는 상품은 정말 좋은 가격으로 구매하실 수 있는 기회입니다.

손님: 네, 한번 둘러볼게요.

판매원: 선택하신 제품은 모두 새상품으로 다시 가져다 드릴동안 잠시만 기다려주십시오.

손님: 네. 알겠습니다.

제3과 피부유형

〈회화 1〉

판매원: 어서 오세요. 세 분이 일행입니까?

어머니: 이 분은 우리 어머님이시고, 저 쪽은 제 딸입니다.
저희는 모두 화장품 구매를 원합니다.

판매원: 잘 알겠습니다. 그럼 제가 도와 드리겠습니다.

할머니: 저는 나이가 많아 피부가 늘어지고 주름도 많네요.
어떤 화장품이 좋을까요?

판매원: 할머니의 연세는 영양을 깊이 공급해야 하고 수분도 공급해야합니다. 리부팅 효과가 있는 영양크림이 좋겠네요. 눈가의 주름과 입 주변의 주름을 많이 끌어당겨줍니다.

할머니: 한국의 할머니들을 보니까 모두 세련되고 예쁘더라고요.
피부도 아주 좋아 보입니다.

판매원: 꾸준히 관리하시면 손님께서도 한국 할머니들과 똑같이 좋아질 겁니다.

딸: 저 좀 봐 주세요. 저는 여드름이 자주 생깁니다. 화장품을 잘못 쓰면 알레르기도 생겨요. 정말 머리가 아픕니다.

판매원: 세안할 때 모공의 노폐물까지 없애는 딥클렌징 한 번 써 보세요.
그리고 절대로 여드름을 짜지 마세요. 깨끗한 상태의 피부를 유지하세요.

딸: 화장품을 바꾸는 게 겁이 납니다. 저는 좀 순한 것을 좋아합니다.

판매원: 이것은 순 식물성 제품이니까 손님의 피부하고 맞을 겁니다.
그리고 평소에 맵고 자극적인 음식을 삼가하시고 튀긴 음식도 멀리 하세요.

판매원: 아, 손님의 얼굴 보니까 여드름 자국이 좀 있네요. 이 파운데이션은 커버력이 좋습니다.

엄마: 드디어 내 차례가 왔네요. 제 것도 좀 추천해 주세요.

판매원: 피부 고민이 무엇인가요?

엄마: 저는 기미가 많고 얼굴이 노랗고 윤기가 없습니다.

판매원: 손님 같은 경우는 전형적인 갱년기 피부상태입니다.
고농축 에센스와 아이크림, 영양크림을 많이 바르세요.

엄마: 그렇게 하면 됩니까?

판매원: 반드시 좋은 기분을 유지하고 휴식도 잘 하시고 평소에 물도 많이 마시는 게 피부에 좋습니다.

엄마: 이것은 어떤가요?

판매원: 이것은 보습크림입니다. 주무시기 전에 사용하시면 효과가 좋습니다.

엄마: 아까 고른 것들 모두 계산해 주세요.

판매원: 외국인은 누구나 예외 없이 20% 할인을 해드립니다.
할인권 있으시니 5% 더 할인해 드립니다.

제4과 메이크업방법

〈회화〉

판매원: 안녕하세요. 우리 매장 오신 것을 환영합니다.

신부: 색조화장품 한 세트 사고 싶습니다.

판매원: 한 세트입니까?

신랑: 저희는 웨딩촬영을 하러 한국에 왔습니다.

판매원: 조금만 기다려 주세요. 제가 좀 봐 드리겠습니다.
신부 메이크업용인가요?

신부: 아닙니다. 아닙니다. 웨딩 촬영할 때 메이크업 다 대행사가 책임지고 합니다. 저는 평소에 화장하는 화장품을 사고 싶습니다.

판매원: 짙은 화장을 좋아합니까? 아니면 연한 화장을 좋아합니까?

신부: 저는 화려한 것을 별로 안 좋아하고 자연스러운 것 좋아합니다.

판매원: 그럼 제가 하나씩 보여 드리겠습니다.

신랑: 우리 아내가 화장을 잘하지 못하는데, 결혼을 하고나서 좀 새로운 이 미지를 원합니다.

판매원: 그럼 화장하는 구체적인 순서를 혹시 아시나요?

신부: 우리 남편 말이 맞습니다. 저는 화장에 문외한입니다. 잘 모릅니다.

판매원: 좋습니다. 기초는 말할 것 없습니다. 메이크업 베이스 시작해서 파운데이션을 바릅니다.

신부: 저를 한번 보세요. 얼굴하고 목이 항상 두 톤입니다.

판매원: 그럼 목 피부색과 비슷한 파운데이션을 사용하시면 얼굴이 가면처럼 보이지 않을 겁니다.

신부: 그런데 메이크업 고정이 어떻게 해야 합니까?

판매원: 루스 파우더하고 파우더 팩트 다 됩니다. 그리고 꼭 피부톤과 맞는 것을 선택하셔야 합니다.

신부: 저는 아이섀도를 잘하지 못합니다.

판매원: 아이섀도는 속눈썹 끝부분부터 시작해서 위로 갈수록 연해져야 합니다. 점점 사라지는 것처럼 하는 과정입니다.

신부: 아래도 똑같이 하면 되나요?

판매원: 아래는 눈가 밖으로부터 시작해서 점점 눈 앞머리 쪽으로 가야합니다. 색상이 포인트는 눈가 쪽에 있습니다.

판매원: 좀 더 보세요. 아이라인의 길이와 넓이는 눈의 모양에 따라 그려줘야 합니다. 주변에는 너무 짙게 그리면 안 됩니다.

그러면 생기 있어 보이지 않습니다.

신부: 속눈썹은요?

판매원: 속눈썹의 뿌리 부분과 중간 부분, 끝부분을 모두 한 번씩 집어줘야 합니다. 그래야 속눈썹이 위로 말아지게 되어 마스카라도 골고루 발라 지게 해주고 풍성하게 해줍니다.

판매원: 눈썹이 좀 높아도 괜찮습니다. 그런데 너무 길게 그리지 마세요.

판매원: 눈 화장은 제일 중요합니다. 중국 사람들이 항상 눈은 영혼의 창문이라고 하잖아요.

신부: 볼터치 어떤 색상이 좋을까요?

판매원: 평소 화장은 연한 핑크도 좋고 연한 오렌지색도 좋습니다.

판매원: 마지막으로 투명하거나 연한 색상의 립글로스 좀 발라주면 됩니다.

신랑: 와! 제 아내가 맞습니까? 완전히 딴 사람이 되었네요.

신부: 감사합니다. 아까 보여주신 것 다 주세요.

판매원: 저와 함께 카운터로 가셔서 결재하겠습니다.

제5과 향수

〈회화〉

판매원: 안녕하세요. 샤넬 매장 오신 것을 환영합니다.

손님: 향수 한 병을 사고 싶습니다.

판매원: 우리 매장 처음입니까?
꽃향기를 좋아하십니까? 아니면 과일 향을 좋아하십니까?

손님: 저는 출근할 때 쓸 거니까 은은한 향 좋습니다.

판매원: 좀 기다려 주세요. 제가 향 테스트 해 드리겠습니다.
이 꽃 향을 한번 맡아 보세요. 은은한 향을 나면서 우아합니다.
직장 여성들한테 딱 맞습니다.

손님: 이 향수는 어떤 시리즈입니까?

판매원: 이 향수는 해후 향수입니다. 핑크색 시리즈지요.

손님: 사실은 제가 과일 향을 더 좋아합니다.

판매원: 그럼 이 5호의 물이라는 향수를 한 번 써보세요.
아주 상쾌하고 사람을 기쁘게 만드는 감귤 향입니다.

손님: 참, 저는 제 절친 것도 하나 사주고 싶습니다.

판매원: 그런데 고객님이 그분의 취향을 알고 계십니까?

손님: 그 친구가 모임이 많으니 짙은 것으로 주세요.

판매원: 그럼 이 향이 아주 좋습니다. 향도 오래 가고 여성의 매력을
극대화하는 향수입니다.

손님: 죄송하지만, 제가 친구와 영상 통화를 좀 하겠습니다.
그리고 나서 그녀가 직접 고르라고 하겠습니다.

판매원: 결정하셨습니까?

손님: 아까 추천한 꽃 향과 과일 향 한 병씩 주세요.

판매원: 35ml과 50ml 두 가지 있는데 어떤 것으로 드릴까요.

손님: 50ml 주세요.

판매원: 알겠습니다. 포장해 드리겠습니다.

손님: 좀 예쁘게 포장해 주세요.

판매원: 고객님이 귀국날짜는 10월8일, 맞습니까?

손님: 맞습니다. 다음 주 월요일입니다.

판매원: 당신의 핸드폰 번호는요?

손님: 168-8888-8888입니다.

판매원: 확인하시고 사인해 주세요.

판매원: 이것은 샘플입니다. 잘 챙기세요.

제6과 의류

〈회화〉

판매원: 안녕하세요. 방문하신 것을 환영합니다.

판매원: 어떤 옷을 보시겠습니까?

손님: 외투 하나 사고 싶습니다.

판매원: 어떤 스타일을 원하십니까?

손님: 잘 안 구겨지고 관리하기가 쉬웠으면 좋겠습니다.

판매원: 이것 한 번 보세요. 질기고 방풍 기능과 방수 기능이 다 있습니다.

손님: 통기성은 어떻습니까?

판매원: 통기성은 아주 좋습니다. 게다가 쉽게 오염 되지도 않습니다.

판매원: 사이즈가 어떻게 됩니까? 전에 저희 브랜드 옷을 입어 보셨나요?

손님: 네. 입어 봤습니다. 라지 사이즈를 입습니다.

판매원: 잠시만 기다려 주세요. 이것 미디엄 사이즈입니다.
큰 것을 찾아 드리겠습니다.

판매원: 다행히 라지사이즈가 하나 남아 있네요. 탈의실은 저쪽에 있습니다.한 번 입어보세요.

판매원: 느낌이 어떻습니까? 캐주얼 하면서 품위도 있어 보이네요.

손님: 좋습니다만 네이비 색이 좀 어둡지 않습니까?

판매원: 이 색깔이 올 가을철 유행색입니다.

손님: 세탁하면 물이 빠지지 않을까요?

판매원: 그럴 리가 없습니다. 세탁해도 광택이 유지되고 색이 선명할 겁니다.

판매원: 그리고 세탁할 때 뒤집어서 하는 게 좋습니다.

손님: 어떤 가루 비루를 사용해야 합니까?

판매원: 외투 전용 세탁액체를 사용하셔야 합니다.

판매원: 이것은 옷을 담는 작은 주머니입니다. 여행할 때 편리하게 사용할 수 있습니다.

손님: 괜찮네요. 이것 주세요. 혹시 할인됩니까 ?

판매원: 정말 죄송하지만 이것은 신상품이어서 할인 행사에 참여되지 않습니다.

제7과 시계

〈회화〉

판매원: 우리 오메가 매장에 오신 것을 환영합니다. 손몬 시계를 보십니까?

손님: 저는 남자 손목시계를 하나 구입하고 싶습니다.

판매원: 이쪽으로 오셔서 보세요.

손님: 배터리를 교체할 필요가 없는 게 제일 좋습니다. 너무 귀찮습니다.

판매원: 이 전자동 스타일을 한 번 보세요.

손님: 방수가 됩니까?

판매원: 이것은 오메가 해마 시리즈 300미터 잠수시계입니다.

손님: 눈금판은 무엇으로 만든 겁니까?

판매원: 눈금판은 광택를 내는 도자기로 만들었고, 질은 파랑색입니다.
그리고 판 위에 하얀색 법랑도 있습니다.

손님: 야광입니까?

판매원: 눈금판 위에의 눈금 한번 보세요. 양광 도료로 칠했습니다.

손님: 갤린더 윈도우는 6시 위치에 있네요.

판매원: 이렇게 해야 외관상으로 더 균형을 잡힙니다.

손님: 시계 뒷면도 한번 보여 주세요.

판매원: 뒷면은 투명으로 돼 있습니다.

손님: 이것은 뭡니까?

판매원: 이것은 8800 가장 좋은 천문대 시계 무브먼트입니다.
아주 정확하고 자석방지도 됩니다.

손님: 이것은요?

판매원: 이것은 헬륨을 배출하는 밸브이고 물속에 헬륨을 배출합니다.

손님: 시계 줄은 무엇으로 만든 것입니까?

판매원: 메탈 시계 줄과 메탈 시계 케이스입니다.

손님: 제가 한번 껴보아도 될까요?

판매원: 당연히 할 수 있습니다. 제가 착용하는 것을 도와드리겠습니다.

판매원: 느낌이 어떻습니까? 아주 잘 어울립니다.

손님: 괜찮네요. 시계 줄이 좀 깁니다.

판매원: 문제가 안 됩니다. 제가 좀 조절해 드리면 됩니다.

손님: A/S 어떻게 됩니까?

판매원: 보증기간은 5년입니다.

손님: 5년요?

판매원: 틀림없습니다. 2018년 7월 1일부터, 모든 손목시계는 5년 동안 A/S 받으실 수 있습니다.

제8과 주얼리

〈회화〉

판매원: 우리 매장 오신 것을 환영합니다. 무엇을 드릴까요?

손님: 여자 친구의 생일 선물을 사려 왔습니다.

판매원: 그렇다면 제가 도와드리겠습니다.

손님: 그럼 잘 부탁드립니다.

판매원: 이 18k 귀걸이는 어떻습니까?

판매원: 귀엽고 정교해서 많은 젊은 여성들이 아주 좋아합니다.

손님: 이 스타일이 저는 별로입니다. 좀 유행하는 목걸이는 없나요?

판매원: 그렇다면 이것 한번 보세요. 드라마 여주인공이 착용한 것입니다.

손님: 맞네요. 저도 인터넷으로 본적 있습니다.

판매원: 줄은 핑크 골드이고, 팬던트는 0.3 다이아몬드입니다.
세련되고 우아합니다.

손님: 저는 아직 결혼을 안 해서 다이아가 좀 부담스럽습니다.

판매원: 그럼 커플링은 좋은 선택이 될 겁니다.
여자 친구도 반드시 좋아하실 겁니다.

손님: 당신의 의견을 따르겠습니다.

손님: 괜찮네요. 위에 박은 것이 뭡니까?

판매원: 이것은 진짜 같은 다이아처럼 만든 모조품인데, 경도가 높아서 전문 가조차도 변별하기가 어렵습니다.

손님: 나머지 반지 부분은 도금인가요? 변색이 안 합니까?

판매원: 아닙니다. 백금입니다. 변색될 리가 없습니다.
마음 놓고 구매하셔도 됩니다. 보증서가 다 있습니다.

손님: 그럼 이것 주세요. 예쁘게 포장해 주세요.

제9과 홍삼

〈회화〉

판매원: 정관장 매장에 오신 것을 환영합니다. 뭘 드릴까요?

손님: 홍삼제품을 좀 사고 싶습니다.

판매원: 저희 매장은 처음이시죠?

손님: 맞습니다. 제품이 뭐가 있습니까?

판매원: 종류가 아주 많습니다. 홍삼정옥고가 있고, 홍삼정환과 홍삼정을 우려먹는 것도 있고, 또 홍삼절편과 홍삼캡슐도 있고, 홍삼 농축액 음료 등도 있습니다.

손님: 너무 많네요. 어느 제품 좋을까요?

판매원: 중국 손님들이 홍삼농축액과 인삼차를 많이 좋아하십니다.

손님: 중국 사람들이 차를 마시는 게 일상입니다.

손님: 농축액을 어떻게 복용을 해야 합니까?

판매원: 농축액은 아침과 저녁 공복 상태로 한번 씩 드시면 됩니다.
홍삼정 우려먹는 것도 한 번 보세요. 물에 타서 드시면 정말 좋아요.

손님: 이것 먹으면 몸에 어떤 면에 좋습니까?

판매원: 꾸준히 복용하시면 피로 회복뿐만 아니라 면역력도 증진됩니다.

손님: 좋습니다. 그럼 두 개 씩 주세요.

판매원: 한 갑에 50포씩 들어있습니다. 모두 100포입니다.

손님: 아이가 먹을 만한 홍삼제품은 없습니까?

판매원: 실례하지만 아이가 몇 살이세요?

손님: 여덟 살, 초등학교 1학년입니다.

판매원: 아동 전용 물약 같은 것이 있습니다.

손님: 좀 많이 주세요.

판매원: 이것 인삼 사탕입니다. 맛 좀 보세요. 지금 원 플러스 원입니다.

손님: 괜찮네요. 다 주세요.

판매원: 이쪽으로 오셔서 계산해 드리겠습니다.

제10과 전기밥솥

〈회화〉

판매원: 안으로 들어오셔서 구경하세요.

판매원: 이것은 최신 모텔이고 기능이 아주 좋습니다.

손님: 와! 진짜 멋있네요. 이것 무엇입니까?

판매원: 그것은 슬라이드 터치화면이예요. 한번 보세요,
음성지원도 있습니다.

판매원: 밥도 하고, 죽 국, 찌개도 끓이고, 모두 됩니다.

손님: 밥솥이니까, 아무래도 밥을 할 때 제일 많이 씁니다.

판매원: 그것은 문제도 아닙니다.
좀 보세요. 흰쌀 밥, 현미밥, 흑미밥, 약밥, 찹쌀밥 모두 됩니다.

손님: 밥을 짓는데 시간이 많이 걸립니까?

판매원: 이 밥솥은 고화력에 압력도 강해서 20분이면 흰쌀밥이 완성됩니다.

손님: 시간이 짧으면 덜 익지 않아요?

판매원: 절대로 그런 일이 없습니다. 이것은 이중 압력 패킹입니다.
밥을 아주 부드럽고 맛있게 짓습니다.

손님: 보온 효과가 어떻습니까?

판매원: 그것 말할 것도 없습니다. 보온병의 원리하고 똑 같습니다.

판매원: 내부 솥과 외부 전부 스텐으로 돼 있습니다.

손님: 전기를 많이 소모합니까?

판매원: 걱정 안 하셔도 됩니다. 이것은 에너지 절약제품입니다.

손님: 매일 밥을 짓는데 더러워지면 어떻게 해야 합니까?

판매원: 스텐 기술을 활용해서 만들었고 게다가 자동세척 기능도 있습니다.
걱정하지 마세요. 그다지 쉽게 더러워지지 않습니다.

손님: 주방의 훌륭한 도우미네요.

제11과 환불처리

〈회화〉

손님: 여보세요. 안녕하세요. 롯데면세점 고객센터 맞습니까?

고객센터직원: 맞습니다. 무슨 문제가 있으십니까?

손님: 오늘 구매한 가방을 시간이 없어서 못 찾아왔습니다.

고객센터직원: 조급하지 마세요. 성함과 항공편 좀 알려 주세요.

손님: 저는 이홍이라고 합니다. 오늘 오전 9시10분 아시아나 항공 서울 출발 베이징 도착 비행기입니다.

고객센터직원: 좀 기다려 주세요. 매장으로 연결해 드리겠습니다.

판매원: 안녕하세요! 제가 확인해 보니까 손님의 가방은 지금 공항 인도장에 있습니다.

손님: 어떻게 하면 좋아요? 저는 벌써 귀국했습니다.

판매원: 상관없습니다. 수령하지 않으셨으니까 자동취소 처리가 될 겁니다.

손님: 환불인가요?

판매원: 네, 기록이 있습니다. 환불되실 겁니다.

판매원: 은행카드는 취소하는 시간이 조금씩 다릅니다.
어떤 은행은 7일정도 소요되고 어떤 은행은 10일정도 걸립니다.

손님: 저는 환불을 원치 않습니다. 다음에 갈 때 수령하려고 합니다.

판매원: 손님 조만간 한국에 다시 오십니까?

손님: 네, 저는 대리구매여서, 매달 갑니다.

판매원: 그럼 문제가 되지 않습니다. 저희가 대신에 보관하고 있겠습니다.

손님: 정말 감사합니다.

판매원: 괜찮습니다. 그때에 저희에게 손님의 출국 날짜와 항공편을 알려주이시면 됩니다.

손님: 좋습니다. 제가 가기 전에 전화하겠습니다.

판매원: 알겠습니다. 걱정하지 마세요. 다음에 뵙겠습니다.

제12과 판매 마무리

〈회화〉

판매원: 손님, 구입하신 제품의 결제 도와드릴까요?

손님: 네. 부탁드립니다.

판매원: 결재를 위해서 여권과 탑승권 좀 보여주세요.

손님: 여기 있습니다.

판매원: 오늘 손님께서 결재하실 금액은 모두 520달러입니다.

손님: 520달러는 인민폐로 얼마입니까?

판매원: 현재 환율을 적용하면 1달러에 6.79 위안입니다.
520달러는 3,530위안정도 됩니다.
결재는 어떻게 하시겠습니까?

손님: 이 카드로 결재해주세요.

판매원: 네. 알겠습니다. 저희 브랜드 회원이신가요?

손님: 아닙니다. 회원은 아닌데, 회원이면 혜택이 있나요?

판매원: 물론이지요.
회원으로 등록하시면 오늘 구입 제품부터 바로 5%의 회원 할인이 적용됩니다. 이 안내문을 보시면 회원 혜택에 대해 자세히 나와 있습니다.

손님: 제가 이 브랜드 제품을 좋아하는데, 아직까지 회원가입을 못 했어요.
지금 여기서 가입이 가능한가요?

판매원: 네, 지금 바로 가능합니다. 여기 표시된 내용에 체크해주시고, 빈칸을 채워주시면 됩니다.

손님: 네. 잠시만 기다려주세요.

판매원: 손님께서 가입해 주신 내용으로 오늘자 저희 브랜드의 회원으로 등록이 되었습니다. 회원할인이 5% 추가됩니다. 서명해 주세요.

손님: 네, 알겠습니다.

판매원: 손님, 여기 카드와 제품입니다.
그리고 이것은 오늘 500달러 이상 구매 고객에게 드리는 사은품입니 다.

손님: 아, 너무 예쁘네요. 감사합니다.
혹시 이 면세점에 안내센타는 어디에 있나요?
그리고 고객이 쉴 수 있는 휴게실이 있습니까?

판매원: 물론입니다. 현재 고객님께서 계신 곳은 건물 5층입니다.
저희 매장의 맞은편에 보이는 에스컬레이터를 타시고, 한층 내려가세요. 4층으로 내려가시면 바로 안내센타 표시판이 커다랗게 보이실 겁니 다. 4층 중앙에 있는 안내센타 옆에 고객 휴게실이 나란히 위치해 있습 니다.

손님: 아. 너무 감사합니다.

판매원: 더 필요한 사항은 없으십니까?

손님: 없습니다. 너무 친절한 서비스에 감사드립니다.

판매원: 무슨 말씀을요. 저희 브랜드를 찾아주셔서 너무 감사합니다.
앞으로도 저희 제품을 많이 애용해주시기 바랍니다.
좋은 시간 되시고, 안녕히 가십시오.

손님: 감사합니다. 안녕히 계십시오.

연습문제 답안

제1과 면세판매서비스의 이해

一. 문형연습 생략

二. 1. 基本构成 2. 掌握 3. 竞争品牌 4. 应对 5. 有时 6. 消费
7. 所知所需 8. 推荐 9. 提升 10. 免税产业

三.

중국어	중국어 발음과 성조	한국어 뜻
重视	zhòng shì	중요시하다
提升	tí shēng	향상 시키다
岗前	gǎng qián	정식 출근 전
培训	péi xùn	훈련하다. 양성하다
趋势	qū shì	추세, 트랜드
服务态度	fú wù tài dù	서비스태도
主打商品	zhǔ dǎ shāng pǐn	주력상품
同价位	tóng jià wèi	같은 가격대
实战	shí zhàn	실전
高性能	gāo xìng néng	고성능

四. 1. 祝贺大家成为我们免税店的新员工。
2. 要熟记品牌商品的基本构成。
3. 要掌握品牌商品的优点、作用及效能。
4. 能和竞争品牌进行比较。

5. 必须知道设计上的不同。
6. 从重视品牌名气到实用理智的消费变化。
7. 要正确掌握顾客所知所需商品的特征。
8. 要注意中国游客的消费方式。
9. 韩国是全世界免税产业第一大国。
10. 接受销售服务的实战培训。

제2과 면세상품의 디스플레이

一. 문형연습 생략

二. 1. 陈列 2. 心情舒畅 3. 连衣裙 4. 适合 5. 满意 6. 上市
7. 打折 8. 优惠 9. 人气 10. 特价商品

三.

중국어	중국어 발음과 성조	한국어 뜻
橱窗	chú chuāng	쇼윈도
陈列	chén liè	진열하다
棒	bàng	훌륭하다
夸奖	kuā jiǎng	칭찬하다
蝴蝶	hú dié	나비
充满	chōng mǎn	가득 차다
衣着入时	yī zhuó rù shí	옷차림이 유행 감각에 맞다.
连衣裙	lián yī qún	원피스
过 季	guò jì	이월
物美价廉	wù měi jià lián	물건이 좋고 값도 싸다.

四. 1. 那边橱窗的陈列真是太棒了。
2. 不知道我穿合适不合适。
3. 卖场里也充满了春天的气息。
4. 这款连衣裙是刚上市的新商品，一上市就很受欢迎。
5. 长短和颜色都很满意。
6. 那个丝巾我也试试。
7. 打折吗?
8. 现在购物超三百美元有赠品。
9. 我们卖场过季的商品打七五折。
10. 您选的都是新商品，不打折。

제3과 피부유형

一. 문형연습 생략

二. 1. 适 2. 皮肤 3. 眼角，嘴角 4. 坚持 5. 过敏 6. 深度清洁
7. 温和 8. 植物性 9. 保湿 10.一律

三.

중국어	중국어 발음과 성조	한국어 뜻
补水	bǔ shuǐ	수분을 보충하다
年纪	nián jì	연세
温和	wēn hé	온화하다
痘痕	dòu hén	여드름 자국
清洁	qīng jié	청결하다
植物性	zhí wù xìng	식물성의
过敏	guò mǐn	알레르기
更年期	gēng nián qī	갱년기
眼霜	yǎn shuāng	아이크림
一律	yí lǜ	예외 없이

四. 1. 好，那让我帮你们慢慢儿挑!
2. 韩国的老奶奶都很潮。
3. 不要用手挤痘，要保持皮肤干净。
4. 对皮肤没什么刺激。
5. 终于轮到我了。
6. 您的皮肤有什么问题呢?
7. 我暗斑多，而且脸色发黄，没有光泽。
8. 应该多用浓缩的精华液、眼霜、营养霜。
9. 挑好的这些，都一起买了。
10. 您有优惠券，再给您减百分之五。

제4과 메이크업방법

一. 문형연습 생략

二. 1. 婚纱照 2. 新娘 3. 淡妆，浓妆 4. 顺序 5. 不懂 6. 颜色
7. 眼妆 8. 眼睛 9. 日常 10. 似的

三.

중국어	중국어 발음과 성조	한국어 뜻
外行	wài háng	문외한
形象	xíng xiàng	이미지
婚庆公司	hūn qìng gōng sī	결혼 준비 대행사
定妆	dì zhuāng	메이크업 고정
面具脸	miàn jù liǎn	가면
散粉	sǎn fěn	루스파우더
眼形	yǎn xíng	눈 모양
死板	sǐ bǎn	생동적이지 않다
夹	jiá	집다
大功告成	dà gōng gào chéng	큰일을 이루었다.

四. 1. 拍婚纱照时，化妆由婚庆公司负责。
2. 我不喜欢浓妆艳抹，我更喜欢自然妆。
3. 那让我一一向您推荐。
4. 那您知道化妆的具体顺序吗？
5. 那我建议您买和脖子肤色相近的粉底。
6. 腮红选什么颜色好？
7. 日常妆，淡粉色和淡桔色都可以。
8. 最后涂点儿透明或淡色的唇彩就大功告成了。
9. 这还是我老婆吗？跟换了个人似的。
10. 跟我到前台结帐吧！

제5과 향수

一. 문형연습 생략

二. 1. 淡香 2. 试香 3. 花香，果香 4. 浓郁 5. 视频 6. 选好
7. 哪种 8. 包 9. 手机号 10. 体验装

三.

중국어	중국어 발음과 성조	한국어 뜻
香水	xiāng shuǐ	향수
怡人	yí rén	마음을 기쁘게 하다.
花香	huā xiāng	꽃향기
果香	guǒ xiāng	과일향기
甘桔	gān jú	감귤
聚会	jù huì	모임
系列	xì liè	시리즈
视频	shì pín	영상통화
魅力	mèi lì	매력
体验装	tǐ yàn zhuāng	체험샘플

四. 1. 您喜欢花香还是果香?
2. 清淡高雅，很适合职业女性。
3. 其实我更喜欢果香的。
4. 她的聚会比较多，来浓郁一点儿的。
5. 余韵悠长，尽显女性魅力。
6. 花香和果香一样一瓶。
7. 好的。给您打包装。
8. 您的回国日期是十月八号，对不对?
9. 确认后请签名。
10. 这是体验装，您拿好。

제6과 의류

一. 문형연습 생략

二. 1. 款式 2. 打理 3. 防风，防水 4. 透气性 5. 大号 6. 试衣间 7. 休闲，品位 8. 流行色 9. 掉色 10. 洗衣液

三.

중국어	중국어 발음과 성조	한국어 뜻
外套	wài tào	외투
打理	dǎ lǐ	정리하다
摺皱	zhě zhòu	구겨지다
透气性	tòu qì xìng	통기성
耐穿	nài chuān	질기다
幸亏	xìng kuī	다행히
流行色	liú xíng sè	유행색
感觉	gǎn jué	느낌
翻	fān	뒤집다
秋季	qiū jì	가을철

四. 1. 您想买什么衣服?
2. 不容易褶皱，好打理的。
3. 透气性很好，还不容易脏。
4. 您穿多大号的? 您穿过我们的品牌吗?
5. 幸亏还有一件大号的。
6. 感觉怎么样?
7. 这个颜色是今年秋季流行色。
8. 洗完也能维持光泽和色度。
9. 还有洗的时候，最好翻过来洗。
10. 实在对不起，这是新款，不参加打折活动。

제7과 손목시계

一. 문형연습 생략

二. 1. 块　2. 换电池　3. 全自动　4. 防水　5. 表盘　6. 夜光
7. 表背面　8. 表链　9. 戴　10. 售后服务

三.

중국어	중국어 발음과 성조	한국어 뜻
手表	shǒu biǎo	손목시계
电池	diàn chí	건전지
潜水表	qiǎn shuǐ biǎo	잠수시계
夜光	yè guāng	야광
全自动	quán zì dòng	전자동
精钢	jīng gāng	메탈
日历窗	rì lì chuāng	캘린더윈도우
精确	jīng què	정확하다
戴	dài	차용하다
天文台	tiān wén tái	천문대

四. 1. 最好不用换电池，太麻烦了。
2. 您看看这款全自动的。
3. 您看表盘的小时刻度，有夜光涂层。
4. 日历窗在六点钟位置啊？
5. 这个表背是透明的。
6. 精钢表链，精钢表壳。
7. 当然可以，我帮您戴上。
8. 感觉怎么样？我觉得很适合您。
9. 小问题，我帮您调调就行了。
10. 维修保证书是五年。

제8과 주얼리

一. 문형연습 생략

二. 1. 生日礼物 2. 选选 3. 小巧精致 4. 女主角 5. 网上 6. 负担 7. 情侣戒指 8. 镶 9. 镀金 10. 保证书

三.

중국어	중국어 발음과 성조	한국어 뜻
生日礼物	shēng rì lǐ wù	생일 선물
耳环	ěr huán	귀걸이
小巧精致	xiǎo qiǎo jīng zhì	작고 정교하다
彩金	cǎi jīn	핑크 골드
项链	xiàng liàn	목걸이
女主角	nǚ zhǔ jué	여자 주인공
高贵大方	gāo guì dà fāng	고귀하고 우아하다
宝石	bǎo shí	보석
情侣戒指	qíng lǚ jiè zhǐ	커플링
变色	biàn sè	색깔이 변하다

四. 1. 那我帮您选选吧。
2. 您看看这款18k金的耳环怎么样?
3. 这个样子我觉得不太好，有没有时髦点儿的项链?
4. 那您再看看这款，是电视剧女主角戴过的。
5. 链子是彩金的，坠子是零点三克拉的宝石，高贵大方。
6. 您女朋友也一定会很喜欢的。
7. 那我就听您的吧!
8. 挺好的，这个上边镶的是什么?
9. 这是仿真鉆石，硬度很高，连专家都很难辨认。
10. 您可以放心购买，有保证书。

제9과 홍삼

一. 문형연습 생략

二. 1. 产品 2. 浓缩液 3. 空腹 4. 冲水 5. 好处 6. 疲劳，免疫力
7. 补品 8. 儿童专用 9. 买一赠一 10. 不错

三.

중국어	중국어 발음과 성조	한국어 뜻
红参	hóng shēn	홍삼
种类	zhǒng lèi	종류
正官庄	zhèng guān zhuāng	정관장
沏泡	qī pào	(차를) 우리다
切片	qiē piàn	절편
浓缩液	nóng suō yè	농축액
饮料	yǐn liào	음료
空腹	kōng fù	공복
疲劳	pí láo	피로
坚持	jiān chí	유지하다

四. 1. 我想买点儿红参。
2. 都有什么产品呢?
3. 中国人喝茶就是日常生活。
4. 浓缩液怎么服用?
5. 您再看看红参精沏泡饮品
6. 坚持服用，减缓疲劳，而且能增强免疫力。
7. 一盒里有50包，一共100包。
8. 有没有孩子吃的红参补品?
9. 有儿童专用口服液
10. 多给我来几盒。

제10과 전기밥솥

一. 문형연습 생략

二. 1. 里边儿 2. 功能 3. 外形 4. 语音 5. 样样行 6. 高火力，大气压 7. 夹生 8. 保温 9. 节能 10. 脏了

三.

중국어	중국어 발음과 성조	한국어 뜻
新型	xīn xíng	새 모델
蒸饭	zhēng fàn	밥을 짓다
语音提示	yǔ yīn tì shì	음성지원
双重高压	shuāng zhóng gāo yā	이중 압력
费电	fèi diàn	전기를 낭비하다
触摸屏	chù mō píng	터치 화면
密封圈	mì fēng quān	패킹 고무
节能	jié néng	에너지 절약
内盖	nèi gài	속 뚜껑
香软可口	xiāng ruǎn kě kǒu	부드럽고 구수하다

四. 1. 请进里边儿看一下儿。
2. 这是最新型的，功能很全。
3. 蒸饭、熬粥、煲汤、炖菜样样行。
4. 大米饭、糙米饭、黑米饭、八宝饭、糯米饭都行。
5. 做饭的时间长吗?
6. 它是高火力，大气压，大米饭最快20分钟就熟。
7. 这是双重高压密封圈，做出的饭香软可口。
8. 不锈钢内胆和外壳。
9. 这是节能产品。
10. 它采用了不锈钢分离内盖技术，而且它有自动清洗功能。

제11과 환불처리

一. 문형연습 생략

二. 1. 客服 2. 来得及 3. 姓名，航班 4. 转 5. 领取处 6. 自动取消 7. 银行卡 8. 最近 9. 保管 10. 担心

三.

중국어	중국어 발음과 성조	한국어 뜻
客服	kè fú	고객센터
来得及	lái de jí	제 시간에 댈 수 있다.
转	zhuǎn	(전화) 돌리다
查	chá	찾아보다
提货	tí huò	물건을 인수하다
银行卡	yín háng kǎ	은행카드
记录	jì lù	기록
保管	bǎo guǎn	보관하다
代购	dài gòu	대리구매
替	tì	대신하다

四. 1. 是乐天免税店客服吗?
2. 您有什么问题吗?
3. 我今天买的包儿, 没来得及提货。
4. 今天上午九点十分韩亚航空, 首而飞北京。
5. 有记录。会退款的。
6. 银行卡取消的时间不太一样。
7. 我不想退, 我想下次提货。
8. 您最近还来韩国吗?
9. 我们会替您保管。
10. 到时候告诉我们您的出境日期和航班号。

제12과 판매 마무리

一. 문형연습 생략

二. 1. 挑 2. 换算 3. 结帐 4. 会员 5. 清楚 6. 填写 7. 打 8. 客服 9. 休息室 10. 标志牌

三.

중국어	중국어 발음과 성조	한국어 뜻
注册	zhù cè	등록하다
清楚	qīng chǔ	분명하다
内容	nèi róng	내용
填写	tián xiě	기입하다
表格	biǎo gé	표
对面	duì miàn	맞은 편
休息室	xiū xī shì	휴게실
扶梯	fú tī	에스컬레이터
标志牌	biāo zhì pái	표시판
旅途	lǚ tú	여정

四. 1. 顾客，挑好的东西要结帐吗？
2. 现在汇率是一美元换六块七毛九。
3. 怎么给您结帐？
4. 您是我们品牌的会员吗？
5. 会员有优惠吗？
6. 注册会员的话，今天购买的商品可以打九五折。
7. 能告诉我免税店的客服在哪儿吗？
8. 这儿有没有顾客休息室？
9. 没有别的事儿了吗？
10. 以后请多多惠顾。

저자 소개

이하정(李河貞)

- 동남보건대학교 글로벌관광서비스과(중국어전공) 교수
- 경기대학교 관광학 박사(2005)
- 한국산업인력공단 주관 중국어관광통역안내원 면접위원
- 한국관광산업포럼 이사
- 관광경영학회 이사(의료관광위원회)
- 한국커피학회 이사(국제교류위원회)
- 전) 한국관광공사 중국어통역안내원

〈주요 저서〉

- 관광서비스중국어, 백산출판사, 2010
- 관광실무중국어회화, 백산출판사, 2014
- 의료관광기초중국어, 백산출판사, 2014
- 의료관광 실무중국어회화, 백산출판사, 2015
- 면세쇼핑중국어(NCS기반 교수학습지침서), 동남보건대학교, 2017
- 면세쇼핑서비스중국어, 백산출판사, 2018

〈관련 논문〉

- A Comparative Study on Destination Selection of Female Tourists of Korea, China and Japan, 中国旅游出版社, 2010.12
- 관광자의 한류지각에 따른 쇼핑동기와 쇼핑행동 연구, 관광연구, 2011.02
- 면세판매서비스 종사자의 감정노동, 개인 인지사고특성, 직무스트레스와 직무만족도 간의 관계성 연구, 관광연구, 2017.12
- 개인 인지사고특성과 직무만족 간의 영향관계에서 감정노동의 조절효과 연구, 관광경영연구, 2018.05
- 호텔종사자의 윤리적 리더쉽과 조직몰입 및 개인인지사고특성과의 상관성 연구, 관광경영연구, 2018.09

유효홍(劉曉紅)

- 동남보건대학교 글로벌관광서비스과(중국어전공) 원어민교수
- 고려대학교 중일어문학과 박사 수료
- 전) 신라면세점, 조선일보사, 삼성전자, LG상사, 포스코, 정부종합청사, 전북도청 중국어담당 강사

〈주요 저서〉

- 면세쇼핑서비스중국어, 백산출판사, 2018

저자와의
합의하에
인지첩부
생략

면세판매실무중국어

2018년 12월 15일 초판 1쇄 인쇄
2018년 12월 20일 초판 1쇄 발행

지은이 이하정 · 유효홍
펴낸이 진욱상
펴낸곳 (주)백산출판사
교 정 편집부
본문디자인 오행복
표지디자인 오정은

등 록 2017년 5월 29일 제406-2017-000058호
주 소 경기도 파주시 회동길 370(백산빌딩 3층)
전 화 02-914-1621(代)
팩 스 031-955-9911
이메일 edit@ibaeksan.kr
홈페이지 www.ibaeksan.kr

ISBN 979-11-89740-27-6 93720
값 16,000원